우리 삶을 가장 풍요롭게 했던 순간들,
그것은 책과 함께였습니다.

YONDARA WASURENAI DOKUSHOJUTSU

Copyright©Zion Kabasawa 2015
All rights reserved.
Korean translation rights arranged with SUNMARK PUBLISHING, INC.
through Japan UNI Agency, Inc., Tokyo and Korea Copyright Center Inc., Seoul

이 책은 (주)한국저작권센터(KCC)를 통한 저작권자와의 독점계약으로
나라원에서 출간되었습니다. 저작권법에 의해 한국 내에서 보호를 받는 저작물이므로
무단전재와 복제를 금합니다.

나는 한 번 읽은 책은
절대 잊어버리지 않는다

나는 한 번 읽은 책은
절대 잊어버리지 않는다

초판 1쇄 발행 2016년 1월 19일
초판 9쇄 발행 2020년 7월 15일

지은이 카바사와 시온
옮긴이 은영미
펴낸이 이종근

편집장 은영미 **편집** 유라미 **디자인** 변영은
마케팅 황호진 **경영관리** 김규환

펴낸곳 나라원 **출판등록** 1988. 4. 25(제300-1988-64호)
주소 서울 종로구 종로53길 27(창신동) 나라원(우. 03105)
전화 02-744-8411(대표) **팩스** 02-745-4399
홈페이지 www.narawon.co.kr **이메일** narawon@narawon.co.kr

ISBN 978-89-7034-244-3 13320

* 잘못 만들어진 책은 구입하신 서점에서 교환해드립니다.
* 책값은 뒤표지에 있습니다.

일러두기 한국 독자들의 편의를 돕기 위해 원화 환산 환율은 1엔당 10원으로 통일하여 원화로만 표기하였다.

10년이 지나도 잊어버리지 않는 독서법

나는 한 번 읽은 책은 절대 잊어버리지 않는다

카바사와 시온 지음 | 은영미 옮김

나라원

프롤로그

10년이 지나도 잊어버리지 않는 것, 그것이 진짜 독서다

아직도 읽고 돌아서면 잊어버리는 독서를 하고 있는가?

'책을 읽어도 돌아서면 잊어버린다.'

'모처럼 맘먹고 읽었는데 기억에 남지 않는다.'

'읽을 때는 분명 재미있었는데 시간이 지나니까 주인공 이름조차 생각나지 않는다.'

혹시 당신도 이런 생각을 하고 있는가?

지금까지 18권의 책을 집필한 나는 종종 "카바사와 씨가 쓴 책 읽었어요"라고 말하는 독자를 만나곤 한다. 그럴 때면 필자로서 정말

기쁘다.

그래서 "책의 어느 부분이 좋으셨나요?", "어떤 내용이 유익하던 가요?"라고 물어보면 "얼마 전에 읽었는데 세세한 부분은 잊어버렸어요……", "아주 예전에 읽어서 뭐라 감상평을 하기가 어렵네요"라는 대답이 돌아온다.

모처럼 시간 내서 읽었는데 내용이 기억 나지 않는 것이다. 이와 같이 책을 읽어도 '돌아서면 잊어버린다'는 사람이 의외로 많다.

일반적인 책이면 아마 읽는 데 1시간 이상은 소요되었을 것이다. 책을 읽다가 '그렇구나!'라고 자신도 모르게 고개를 끄덕이는 문장을 만났거나 실생활에 유익한 노하우를 발견했을지 모른다. 그런데 그 내용을 기억하지 못하는 것만큼 안타까운 일이 또 어디 있을까!

책을 읽었는데 내용을 잊어버린다, 즉 '기억에 남아 있지 않다'는 것은 그것이 '지식'으로서 자기 안에 자리하지 못했다는 의미다. 심지어 그 독서는 자신에게 아무런 도움이 안 됐다는 뜻과 같다. 다소 심하게 표현하면, 1년에 100권을 읽었어도 책 내용을 잊어버린다면 그것은 깨진 항아리에 물 붓기만큼이나 시간 낭비다. 기억에 남지 않는 독서는 일에도 일상생활에도 전혀 도움되지 않는다. 책에서 바로 실행할 만한 노하우를 발견했다 해도 기억하지 못하므로 실천할 수 없기 때문이다. 그 결과 자기성장으로 이어지지 못하고, 그저 '읽은 셈 치는' 자기만족 독서에 그치고 만다.

그렇다면 책을 천천히 조심스럽게 정독하면 기억에 남을까? 혹시 긴 시간에 걸쳐 자세히 책을 읽는다면 내용을 잊어버리지 않을까? 유감스럽게도 그것만으로는 기억에 남지 않는다.

읽은 셈 치는 독서가 아닌, '한 번 읽어도 절대 잊어버리지 않는' 진짜 독서를 위해서는 골자가 필요하다. 그것을 이 책에 공개하려 한다.

압도적인 인풋이 있어야 압도적인 아웃풋이 가능하다

잠시 내 소개를 하자면, 나는 한 달에 30권의 책을 읽고, 1년에 약 3권의 책을 쓰고 있다. 또한 〈정신과 의사 카바사와 시온 공식 메일 매거진〉을 날마다 발신하고 있는데 그 부수가 15만 부 이상으로 일본 내에서도 손꼽힐 정도다. 페이스북에도 매일매일 투고하고 있는데, '좋아요' 숫자가 약 14만 명이다. 트위터 팔로어 수는 약 12만 명이며, 3분 정도의 유튜브 동영상을 매일 빠짐없이 올리고 있다. 나는 이런 다양한 인터넷 매체를 통해 나의 전문 분야인 정신의학과 심리학에 관한 지식과 정보를 알기 쉽게 전하고 있다.

이렇게 매일 다양한 활동을 하는 나에게 사람들은 다음과 같이 질문한다.

"그렇게 많은 정보를 다 어디에서 구하세요?"

"매일 업데이트하다 보면 소재가 바닥나지 않나요?"

"그 엄청난 양의 집필과 정보 발신 에너지는 어디에서 오는 건가요?"

비결은 한마디로 '압도적인 인풋'에 있다.

매일 압도적인 양의 정보를 내 머릿속에 입력하고 있기 때문에 원고지로 적게는 10~20장 정도, 많게는 약 30장 분량의 출력이 날마다 가능해진다. 즉, '압도적인 인풋(input)'이 있어야 '압도적인 아웃풋(output)'이 가능하다.

나는 매달 30권 정도의 독서를 30년 이상 빼놓지 않고 계속하고 있다. 나의 집필 활동은 매달 30권의 독서에 의해 이뤄지고 있는 셈이다. 원활한 집필을 위해서는 읽은 책 내용을 잊지 않고 기억에 남겨두어야 한다. 그리고 그것을 곱씹어 나만의 지식으로 만들어야 한다. 즉, '기억에 남는 독서'라는 인풋에 의해 '집필'이라는 아웃풋이 가능해진다.

나는 작가이므로 주된 아웃풋이 집필 활동이지만 만약 당신이 일반 직장인이라면 프레젠테이션 발표나 기획안 제출 등의 기회가 될 것이고, 학생이라면 논술 시험이나 리포트 제출 등이 될 수 있을 것이다. 그러한 자리에서 그동안 독서로 얻은 지식과 발견을 마음껏 펼쳐 보이고, 마침내 좋은 결과로 이어진다면 그 독서야말로 당신의 피가 되고 살이 된 '진짜 독서'라고 할 수 있다.

자기성장으로 이어지지 않는 독서는 아무 의미 없다

'압도적인 인풋'이란 우리가 매일 하는 식사와 비슷하다. 우리는 밥을 먹지 않고는 활기차게 움직일 수 없고, 영양 밸런스가 깨져도 최상의 기량을 발휘할 수 없다. 가령 제일선에서 활약하고 있는 운동선수의 경우 이러한 이유로 식사에 세심한 주의를 기울인다.

마찬가지로 우리 뇌는 정보와 지식이라는 영양을 제공받으면 그것을 어떻게든 표출하고 싶어 한다. 인풋과 아웃풋의 사이클을 균형 있게 돌릴 때 두뇌 회전은 점차 빨라진다. 그리고 두뇌 회전이 빨라짐으로써 사고력이 높아지고, 판단도 빨라지며, 문장을 쓰는 속도도 빨라진다. 결과적으로 시간을 효과적으로 활용할 수 있게 되며, 자기성장 속도도 가속화된다.

홋카이도 삿포로 출신으로 책을 멀리하고 영화에만 빠져 살았던 내가 지금은 일본의 중심 도쿄에서 매달 강연을 하고, 1년에 3권의 책을 출판하고 있다. 이 모든 것은 기억에 남는 독서, 즉 '읽으면 잊어버리지 않는' 독서라는 인풋 덕분이다. 나는 이를 통해 축적된 팽대한 지식을 전부 책 쓰는 데 활용하고 있다. 기억에 남는 진짜 독서법이란 단순한 독서법이 아니다. 그것은 시간 사용법, 문장력, 집중력이라고 하는 모든 업무법과 노하우가 집약된 결과다. 나는 '읽으면 잊어버리지 않는 독서법'을 통해 자기성장을 하였고, 인생을 변화시킬 수 있었다.

정신과 의사의 '읽으면 잊어버리지 않는' 독서법

　이 책에서 나는 정신과 의사의 관점에서 뇌 과학적으로 입증된 '읽으면 잊어버리지 않는' 독서법을 처음으로 공개한다.

　키워드는 '아웃풋'과 '틈새시간'이다. 왜 이 2가지가 있으면 잊어버리지 않는 독서가 가능한지 설명하려 한다.

　또 뇌 속에 있는 신경전달물질을 조절함으로써 기억에 오래 남기는 방법에 대해서도 알려주겠다.

　앞에서 말했듯이 나는 소셜미디어에서 누계 약 40만 명의 독자에게 매일매일 정보를 발신하고 있다. 따라서 'SNS 달인'의 입장에서 소셜미디어를 활용해 독서로 얻은 지식을 아웃풋하는 방법, 사람들과 공유하는 방법 등도 모두 공개하겠다.

　모처럼 만난 좋은 책을 시간 내서 읽었는데 그 내용을 잊어버리다니, 그건 너무 안타까운 일이다! 이 책을 통해서 '읽으면 잊어버리지 않는' 독서법을 반드시 손에 넣기를 바란다. 그로 인해 당신의 인생이 보다 충실하고 풍요로워질 수 있다면 필자로서 이보다 더 한 기쁨은 없을 것이다.

차례

프롤로그
10년이 지나도 잊어버리지 않는 것, 그것이 진짜 독서다   6

제1장
'읽으면 잊어버리지 않는' 독서법의 장점

01 결정화된 지식을 얻을 수 있다   19
02 하루를 72시간으로 만들어준다   22
03 모든 업무 능력을 향상시킨다   27
04 고민, 불안, 스트레스를 줄여준다   38
05 공부 머리가 좋아진다   44
06 운명을 바꿀 수 있다   49
07 자기성장과 발전을 촉진시킨다   60
08 시간, 장소 걱정 없는 최고의 오락이다   62

제2장
'읽으면 잊어버리지 않는' 독서법의 기본 원칙

01 10년이 지나도 '기억하는 독서'   71
02 자투리 시간을 100% 활용하는 '틈새시간 독서'   77
03 속독보다 심독에 집중하는 '깊이 있는 독서'   82

제3장
'읽으면 잊어버리지 않는' 독서법 키워드

아웃풋 독서법 01 밑줄 그으면서 기억하는 '형광펜 독서법'	89
아웃풋 독서법 02 책의 장점을 소개하는 '홈쇼핑 독서법'	94
아웃풋 독서법 03 SNS와 독서의 완벽한 결합, '소셜 독서법'	97
아웃풋 독서법 04 글쓰기 능력을 높여주는 '리뷰 쓰기 독서법'	100
아웃풋 독서법 05 책 속 정보를 모두 짜내는 '생자몽 칵테일 독서법'	103
틈새시간 독서법 01 집중력을 배가시키는 '울트라맨 독서법'	106
틈새시간 독서법 02 투혼의 의지를 활용하는 '5분·5분 독서법'	108
틈새시간 독서법 03 집중 시간대를 활용하는 '15·45·90법칙 독서법'	110
틈새시간 독서법 04 자는 동안 뇌에 새기는 '숙면 독서법'	113

제4장
'읽으면 잊어버리지 않는' 독서법 실천편

01 목적지를 빨리 파악하는 '훌훌 독서법'	119
02 알고 싶은 부분부터 먼저 읽는 '순간이동 독서법'	122
03 약간 어려운 책 읽기에 도전하는 '아슬아슬 독서법'	125
04 행복 물질로 기억력을 증강하는 '두근두근 독서법'	128
05 가슴 떨 때 단숨에 읽는 '쇠뿔도 단김에 빼라 독서법'	130
06 저자를 직접 만나는 '백문이 불여일견 독서법'	132

제5장
'읽으면 잊어버리지 않는' 책 선택법

01 한 권의 책으로 인생을 바꾸는 '홈런 독서법' 141
02 자기 수준에 맞게 읽는 '수파리 독서법' 144
03 읽기 능력의 기초를 다지는 '입문 독서법' 148
04 존경하는 사람이 권하는 대로 읽는 '추천 독서법' 151
05 베스트셀러에 연연하지 않는 '자기중심 독서법' 157
06 대형서점의 장점을 적극 활용하는 '전문서적 독서법' 160
07 추천 기능과 리뷰를 활용하는 '온라인서점 독서법' 162
08 운명의 책을 만날 수 있는 '세런디피티 독서법' 165
09 가슴 뛰는 책을 선택하는 '직감 독서법' 168
10 한 권의 책에서 또 다른 책으로 '줄줄이 엮기 독서법' 171
11 넓고, 깊고, 균형 있게 읽는 '온천 채굴 독서법' 175
12 장점은 키우고 단점은 보완하는 '성장·극복 독서법' 179
13 정보와 지식을 골고루 섭취하는 '영양밸런스 독서법' 182
14 독서 포트폴리오의 균형을 맞추는 '분산투자 독서법' 184

제6장
'읽으면 잊어버리지 않는' 전자책 독서법

01 읽을수록 빠져드는 전자책 독서법의 8가지 장점 189
02 종이책과 전자책의 장점만 뽑아내는 '쌍검 독서법' 197
03 해외 도서 독자를 위한 '카바사와식 킨들 독서법' 200

제7장　'읽으면 잊어버리지 않는' 책 구입법

01 나만의 연간 독서 예산을 확보하라　　　　　　　　　　209
02 책을 살 때는 빨리 결정하고 즉시 실행하라　　　　　　213
03 책을 정기적으로 분류해서 정리하라　　　　　　　　　216

에필로그
당신의 인생을 변화시킬 최강의 카드는 독서다　　　　　　220

특별부록
건강한 삶을 위한 정신과 의사의 추천도서 30권　　　　　　225

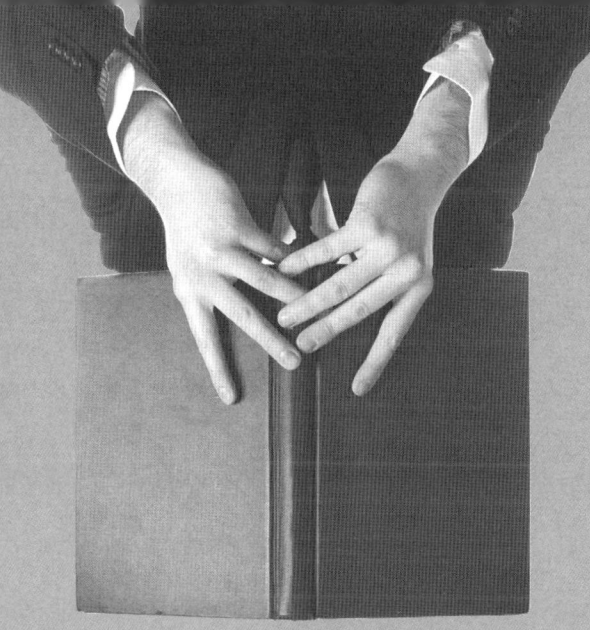

제1장

'읽으면 잊어버리지 않는' 독서법의 장점

책은 남달리 키가 큰 사람이요,
다가오는 세대가 들을 수 있도록
소리 높이 외치는 유일한 사람이다.
- 로버트 브라우닝

당신의 인생에서 가장 중요하게 생각하는 것은 무엇인가?
건강, 돈, 시간, 인간관계, 자기성장, 자기실현……
독서는 이 모든 것을 제공해준다.

01
결정화된 지식을
얻을 수 있다

인터넷 정보는 마트 시식 상품과 같다

"요즘은 인터넷만 검색하면 온갖 정보들이 차고 넘치기 때문에 알고자 하면 뭐든 다 알 수 있다"고 말하는 사람이 있다. 심지어 어떤 사람은 "인터넷 정보가 있으니 책 따윈 필요 없다"고까지 말한다. 정말 말도 안 되는 소리다.

대형마트를 예로 들어보자. 그곳에 가면 소비자가 상품을 맛볼 수 있게 해놓고 구매를 유도하는 시식코너가 많다. 시식 상품을 한두 조각 맛보면 얼추 맛있게 느껴진다. 하지만 과연 시식만으로 식욕을 채울 수 있을까?

인터넷 정보는 한마디로 대형마트의 시식 상품과 같다. 돈을 주고 사 먹을 식품을 조금씩 공짜로 먹을 수 있기 때문에 일단 맛보면 맛있다는 생각도 든다. 하지만 그 작은 조각 몇 개 집어먹는다고 식욕이 채워진다거나 만족스럽진 않다. 그와 마찬가지로 체계화되어 있지 않고 단편적인 것이 바로 인터넷 정보다. 인터넷 정보를 통해서 지식의 일부를 알 순 있어도 책처럼 전체상을 순서 있게 체계적으로 배울 순 없다.

정보와 지식은 어떻게 다른가?

당신이 1년 전 신문을 꺼내 읽었다고 가정하자. 지금 보아도 여전히 유용한 내용일까? 아마 실생활에 큰 도움이 안 될 것이다. 신문의 기사는 거의 정보가 차지하기 때문이다.

그렇다면 이번에는 책장에서 10년 전에 구입한 책을 꺼내 한번 읽어보라. '예전에 읽었을 때와는 전혀 다른 새로운 발견인데?' 하고 생각되는 부분이 많을 것이다. 1년만 지나도 진부해지는 것은 '정보'이고, 10년이 지나도 진부해지지 않는 것은 '지식'이다.

우리가 인터넷, TV, 신문, 잡지 등에서 얻을 수 있는 내용은 대부분 정보이고, 책에서 얻을 수 있는 것은 지식이다. 정보란 사실이자 결과이며 사상이다. 지식이란 이러한 사실, 결과, 사상이 쌓이면서 모인 '에센스'다.

물론 인터넷 사이트나 블로그를 통해 얻을 수 있는 지식도 있고, 반대로 정보만 실려 있는 책도 있다. 그러나 대체로 인터넷에서는 정보를 얻고 책에서는 지식을 얻는다. 단순한 지식이 아닌 결정화된 지식, 즉 단순히 나열된 문자 정보에 그치지 않고 그 정보를 응용하고 실천하게 함으로써 10년이 지나도 기억이 가물거리지 않는 '결정화된 지식'을 얻을 수 있는 것, 그것이 바로 책이다.

단편화된 지식인 정보는 그것을 모아 분석하고 정리해서 이해한 뒤 기억하고 체계화해서 숙성시켜야 비로소 자신의 생활과 일, 인생에 도움되는 결정화된 지식이 될 수 있다.

한편 책에는 저자가 미리 정보를 분석해서 정리하고 체계화해놓은 지식이 담겨 있다. 따라서 책에서 직접 지식을 흡수하는 편이 백지상태에서 배우는 것보다 백 배는 편하고 효율적이다.

물론 정보도 중요하다. TV를 통해 최신 뉴스를 시각 정보로 얻을 수 있고, 인터넷을 통해 알고 싶은 것을 순식간에 검색할 수 있으며 사람들의 다양한 의견도 엿볼 수 있다. 그러니 TV나 인터넷에서 필요한 정보를 얻는 한편 다양한 내용의 책을 읽어서 정보와 지식의 균형을 잡아야 할 필요가 있다.

02
하루를 72시간으로
만들어준다

시간 여유가 있는 사람은 행복하다

나는 세상을 살아가면서 중요한 것이 5가지 있다고 생각한다.

돈, 시간, 정보·지식, 사람(인간관계), 건강이다.

물론 사람마다 중요도가 다르겠지만 나는 이중에서도 특히 '시간'이 가장 중요하다고 생각한다. 시간이 없으면 다른 4가지를 얻을 수 없기 때문이다.

우리는 수면 시간이 충분해야 건강을 유지할 수 있고, 시간이 있어야 가족이나 친구들과 잘 지낼 수 있으며, 시간을 내서 일해야 돈을 벌 수 있다. 또한 시간을 내서 책을 읽으면 지식을 얻을 수 있다.

이처럼 시간에 여유가 있으면 모든 것을 손에 넣을 수 있고, 행복도 얻을 수 있다. 그러나 하루는 24시간으로 정해져 있다. 시간만은 누구에게나 공평하다. 따라서 시간을 어떻게 사용하느냐에 따라 성공도 행복도 결정된다.

책에는 시간 절약 노하우가 담겨 있다

얼마 전 직원이 총 3명인 작은 건설회사를 방문한 적 있다. 아침 업무가 시작되자마자 사무원 한 명이 PC 앞에 앉더니 열심히 기계적인 작업을 시작했다. 내가 "무얼 하고 있습니까?"라고 묻자 그는 "스팸메일이 많이 와서 삭제하고 있어요. 이 일을 하는 데만 매일 30분이 걸리지만 달리 방법이 없네요"라고 대답하는 게 아닌가.

아직까지도 수십 통의 스팸메일을 매일매일 일일이 삭제하는 사람이 있다니! 나는 경악하고 말았다. 메일을 지우는 데만 하루 30분, 연간 300일로 계산하면 자그마치 150시간의 손실이다.

사실 얼마 전까지만 해도 이런 상황은 어디서나 쉽게 볼 수 있었다. 그러나 구글(Google)의 지메일(Gmail)이 보급되면서 지메일 사용자는 스팸메일 처리에 하루 10초도 채 걸리지 않게 되었다. 자신에게 오는 모든 메일을 지메일로 보내면, 지메일의 스팸필터가 99.9%의 정밀도로 스팸메일을 걸러내기 때문에 귀찮은 메일이 수신함으로 들어오는 일이 거의 없다.

나는 이와 같은 지메일 사용법을 정리하여 《메일의 달인이 가르쳐주는 Gmail 업무 기술》이라는 책을 출판하기도 했다. 앞서 말한 사무원의 경우, 만일 내가 쓴 지메일 업무법에 관한 책을 읽는다면 30분 만에 지메일 설정을 마치는 순간 스팸메일 처리에서 해방될 수 있다. 단 한 권의 책으로 매일 30분씩 연간 150시간이나 절약할 수 있는 것이다. 알고 있느냐 모르고 있느냐의 차이로 평생 몇백 시간을 허투루 쓸 수도, 알차게 쓸 수도 있다.

이와 같이 인생에서 무엇보다 중요한 시간 절약 노하우가 쓰인 것이 책이다. 더구나 그 몇백 시간을 절약하는 데 드는 경비는 10,000원 조금 넘는 책 한 권 값이 고작이다.

다른 사람의 경험을 돈으로 살 수 있다

앞으로 페이스북을 시작하려는 사람이 있다고 하자. 먼저 무엇부터 해야 할까?

직접 페이스북 계정을 만들고 페이스북을 시작한다. 이것저것 시도해보면서 시행착오를 거치다가 사용법을 익히면 약 3개월 후쯤엔 대략적인 기능을 이용할 수 있다. 이 과정이 하루 1시간씩 걸린다 해도 3개월이면 90시간이다. 약 100시간 정도의 시행착오를 거쳐야 자력으로 페이스북을 사용할 수 있게 된다는 이야기다.

그러나 그보다 더 간단한 방법이 있다. 먼저 페이스북 관련 책을 한 권 사보는 것이다. 책을 읽고 기본을 익힌 후에 페이스북을 시작하면 100시간 걸릴 시행착오가 10시간으로 단축될 수 있다. 10,000원 조금 넘는 책을 몇 시간만 읽어도 90시간이 절약된다. 당신의 시급이 12,000원이라고 하면 100만원 이상이 절약되는 셈이다.

새로운 일을 시작할 때 굳이 제로 상태에서부터 시행착오를 겪을 필요는 없다. 미리 시행착오를 몇백 시간씩 겪은 '저자'라는 선배가 그 내용들을 책으로 정리해놓았으니 그에게 시행착오의 결과만 배우면 된다. 그렇다고 시행착오가 결코 필요 없다는 뜻은 아니다. 성장과 성공을 위해서 시행착오 경험은 매우 중요하며, 절대적으로 필요하다. 나도 페이스북과 유튜브를 시작하면서 많은 시간 시행착오를 겪었다. 그러나 시작하기에 앞서 책 한 권만 읽어도 기본적인 조작과 사용법에 들이는 시행착오를 줄일 수 있다. 순식간에 고급 수준의 시행착오에서부터 시작할 수 있는 것이다. 42.195킬로미터를 달리는 마라톤으로 치면 10킬로미터 지점에서 시작하는 것만큼이나 유리하다.

책에는 몇천 명분의 성공체험과 몇천 명분의 실패체험이 실려 있다. 각종 성공사례와 실패사례가 집대성된 것이 책이라고 할 수 있다. 따라서 어떤 새로운 일을 시작하기 전에 책 한 권만 읽어도 기본 점수는 먹고 들어간다. 물론 다른 사람의 체험이 자신에게 고스란히 적용된다고 단정할 순 없다. 하지만 그들의 체험을 참고함으로써 제로에서 시작하는 불필요한 시행착오를 단숨에 생략할 수 있다. 독서를 통해 세상 누구나 쉽게 범하는 실패를 피하고 성공의 지름길을 최단시간에 발견할 수 있는 것이다.

책을 읽으면 하루를 72시간으로 늘릴 수 있다

나는 매일 페이스북으로 정보를 발신하고, 매일 유튜브 동영상을 올리며, 1년에 3권의 책을 집필하고, 병원 진료를 한다. 또 한 달에 30권의 책을 읽고, 한 달에 10회 이상 영화 관람을 하며, 1년에 두 번은 장기 여행을 떠난다.

이러니 다른 사람 눈엔 잘 시간도 거의 없어 보이는지 "잠은 몇 시간 주무세요?" 혹은 "그 모든 일을 혼자 다 하세요?"라는 질문을 자주 받는다. 그러나 나는 매일 반드시 6시간 이상은 잠을 자고, 도와주는 사람 없이 거의 모든 작업을 혼자 해낸다. 마치 초인처럼 보이는지 모르겠지만 내가 남의 세 배, 즉 하루가 마치 72시간이라도 되는 것처럼 활동할 수 있는 것은 책에서 배운 대로 시간 단축법과 효율적인 시간 활용법을 실천하고 있기 때문이다.

사람들은 매일 불필요한 일을 하느라 피곤하고, 불필요한 스트레스를 쌓다가 병에 걸린다. 그런데 그 모든 '불필요함'을 피하고 엄청난 시간을 절약하는 방법들이 전부 책에 쓰여 있다.

책을 읽으면 대폭적인 시간 단축이 가능하다. 나처럼 남보다 세 배의 일을 하고도 여가 시간은 두 배나 더 누릴 수 있다.

03
모든 업무 능력을 향상시킨다

왜 경쟁 상대는 항상 준비되어 있을까?

당신은 직장에 경쟁자가 있는가?

만일 상사가 "이 서류 내일까지 정리해줄 사람 있나?"라고 말하면 경쟁자는 재빨리 손을 든다. 갑자기 맡겨진 그 일을 내일까지 완수하려면 자료들을 읽어야 하고 정보도 수집해야 할 것이다. 당신은 일순간 주저했지만, 경쟁자는 즉각 반응한다. 직장에서 일 잘하기로 인정받은 사람은 왠지 항상 준비되어 있고, 기회가 오면 맹렬한 속도로 낚아채는 것처럼 보인다.

경쟁자는 늘 준비되어 있는데 당신은 왜 그렇지 못한 걸까? 경쟁자는 머릿속에 자신만의 '키친 스타디움'을 가지고 있지만 당신은 그렇지 않기 때문이다.

예전에 〈요리의 철인〉이라는 TV 프로그램이 있었다. 키친 스타디움을 무대로 미치바 로쿠사부로, 첸 케니치 등의 요리 달인이 메인으로 등장하고, 매회 참가자가 그들에게 요리로 도전해서 심판이 점수를 매겨 승패를 결정지었다.

맨 처음 '오늘의 주제 식재료'가 발표된다. 키친 스타디움에는 오늘의 주제 식재료 외에 많은 식재료가 준비되어 있다. 주제 식재료가 발표된 직후 시작종이 울리고, 달인과 도전자는 순식간에 요리 구성을 짜고 식재료를 가져와 바로 조리를 시작한다. 제한 시간은 약 60분이다. 단 60분 만에 달인과 도전자는 4~5가지나 되는 멋진 요리를 완성시키는 것이다. 달인과 도전자의 훌륭한 요리 솜씨, 시간 제한에 따른 긴박감 넘치는 전개, 실황 중계의 재미 등이 한데 어우러져서 심야 방송임에도 불구하고 오랫동안 인기 프로그램으로 자리매김했다.

그렇다면 그들은 어떻게 단 60분 만에 심사위원을 감동시키는 훌륭한 요리를 만들어낼 수 있었을까?

우선은 물론 훌륭한 요리 솜씨를 들 수 있다. 또 한 가지는, 신선하고 질 좋은 고기, 생선, 채소 등이 이미 키친 스타디움에 마련되어 있었기 때문이다. 만일 키친 스타디움에 식재료가 준비되어 있지 않다면 식재료 구입부터 시작해야 하므로 60분 안에 요리를 완성시키기란 당연히 불가능하다.

다시 본론으로 돌아가자. 당신이 상사에게 갑자기 서류를 내일까지 정리하라는 지시를 받았다고 하자. 그러나 서류를 정리하려면 관련 자료와 서류를 조사하고 모은 뒤 읽어서 이해해야 한다. 관련 서적도 찾아봐야 한다. 그런 것들을 하다 보면 내일까지라는 마감시간은 절대 지킬 수 없다.

즉, 당신이 미션을 마감시간까지 수행하기 위해서는 평소 당신의 머릿속에 '키친 스타디움'을 만들어두어야 한다는 것이다. 키친 스타디움에는 업무나 전문성과 관련된 다량의 지식·정보가 알아보기 쉽게 잘 정리된 상태로 진열되어 있다. 그리고 그 지식과 정보를 제공해주는 것은 다름 아닌 책이다. 독서를 통해 머릿속에 미리 키친 스타디움을 만들어두면 "내일까지 자료 정리를 해오라"는 상사의 갑작스런 지시에도 전혀 당황할 필요 없다. 머릿속에서 꺼내기만 하면 되기 때문에 단 1초면 신선한 식재료를 준비할 수 있다. 질 좋은 식재료를 이용해 즉시 조리에 들어갈 수 있다는 말이다. 즉, 업무 지시가 내려진 직후부터 자료를 정리하는 아웃풋 작업에 드는 시간이 얼마 걸리지 않는다.

누구보다 일을 빨리 척척 해내는 소위 '일 잘하는 사람'은 평소 독서를 통해 머릿속에 키친 스타디움을 구축하고 있다. 그래서 다급한 업무 지시에도 즉시즉시 대응할 준비가 되어 있는 것이다.

독서량으로 경쟁 상대를 압도한다

독서량이 많은 민족으로 알려졌던 일본인의 연간 독서량이 평균 12.3권이라는 조사 결과가 최근에 나왔다. 한 달에 고작 한 권이다. 경악하지 않을 수 없는 데이터다.

또, 일본 문화청이 '국어에 관한 여론 조사'를 하면서 잡지와 만화를 제외하고 책을 한 달에 몇 권 정도 읽는지 물었다. 그러자 책을 '한 권도 읽지 않는다'고 대답한 사람이 전체 47.5%에나 이르렀다. 일본인의 절반 가까이가 책 읽는 습관이 없는 것이다. '1, 2권'이라고 대답한 사람이 34.5%였고, '3, 4권'이 10.9%였으며, '5, 6권'이 3.4%, '7권 이상'이 3.6%였다.

이러한 데이터로 볼 때, 한 달에 7권만 읽어도 당신은 독서량에서 일본인 상위 4%에 들어간다고 할 수 있다. 한 달에 7권이라고 하면 아주 많은 것 같지만 4일에 한 권꼴이다. 대도시 직장인의 하루 평균 출퇴근 시간이 왕복 약 120분 정도라고 했을 때 4일간의 출퇴근 시간은 합계 약 8시간이다. 그 시간에 독서를 한다면 책 읽는 속도가 더딘 사람도 출퇴근 시간에만 4일에 한 권 정도는 읽을 수 있다.

양질의 인풋이 양질의 아웃풋을 부르고 자기성장 속도를 높인다.

당신이 경쟁자를 뛰어넘으려면 우선 인풋의 양과 질에서 앞서야만 한다. 그 기준이 한 달에 7권이다. 만약 당신의 경쟁자가 한 달에 3권밖에 읽지 않는다면 한 달에 4권씩 연간 약 50권의 차이를 낼 수 있다. 따라서 당신은 인풋과 아웃풋의 양에서 이기고 자기성장의 속도 면에서도 경쟁자를 훨씬 앞설 수 있다.

'인풋량'을 늘리는 가장 간단한 방법은 독서량을 늘리는 것이다.

일본인 중에 한 달에 책을 10권 읽는 사람이 약 2%라는 조사 결과가 있다. 한 달에 책 10권만 읽으면 독서량에서 일본인 상위 2%에 든다는 의미다. 따라서 나는 앞으로 당신에게 한 달에 10권씩 꾸준히 기억에 남는 독서를 하면서 남보다 압도적으로 성장하는 방법을 전해주려고 한다.

문장력을 늘리고 싶으면 책을 읽어라

앞서 말했듯이 나는 1년에 약 3권 기준으로 책을 출판하고 있다. 그리고 매일 페이스북에 기사를 투고하고, 메일 매거진도 날마다 발행한다. 원고지로 10~30장 이상의 글을 매일같이 쓰고 있는 셈이다. 때문에 나는 "어떻게 그처럼 많은 글을 쓸 수 있나요?", "어떻게 하면 글을 빨리 쓸 수 있어요?"라는 질문을 자주 받는다.

답은 의외로 간단하다. 책을 많이 읽기 때문이다.

책을 읽는 사람과 읽지 않는 사람의 결정적 차이는 '문장력'으로 나타난다. 책을 읽으면 많은 문장을 접하게 되고 당연히 문장에 관한 지식도 직감도 발전하게 된다.

《캐리》,《샤이닝》,《그린마일》 등의 히트작으로 잘 알려진 소설가 스티븐 킹. 그는 자신의 창작론을 담은 책《유혹하는 글쓰기》에서 이렇게 말하고 있다.

"작가가 되고 싶다면 무엇보다 2가지 일을 반드시 해야 한다. 많이 읽고, 많이 쓰는 것. 내가 아는 한 이 2가지를 피해갈 수 있는 방법은 없다. 지름길도 없다."

《유혹하는 글쓰기》는 소설가뿐 아니라 전문 작가가 되고 싶은 사람, 글을 잘 쓰고 싶은 사람은 꼭 읽어야 할 책이다. 이 책은 보다 좋은 문장을 쓰기 위해 저자인 킹이 하고 있는 모든 글쓰기 기법을 자세히 소개하고 있다. 원서로만 300페이지 가량 되는 꽤 두꺼운 이 책의 가장 중요한 부분이자 결론은 바로 이 문장일 것이다.

"작가가 되고 싶다면 반드시 많이 읽고 많이 써야 한다."

그렇다면 미국을 대표하는 소설가인 그는 과연 1년에 몇 권의 책을 읽을까?

70~80권 정도라고 한다.

미국 소설은 부피가 두꺼운 페이퍼백이 대부분이다. 일본 책과 비교하면 두 배 가까운 부피에 일본 책으로 환산하면 150권 정도 되니 결코 적은 권수가 아니다. 한 달에 10권 이상의 책을 읽으면 문장력이 길러진다. 그리고 그것은 작가가 될 수 있는 독서량이라고 해도 과언이 아니다.

인터넷 시대는 문장력이 시험받는 시대다

인터넷 시대인 요즘 문장력은 아주 중요한 기술이 되었다. 예전 같으면 직접 말하고 전했던 것을 최근에는 문장을 통한 '쓰기', '읽기'로 소통하는 비율이 비약적으로 늘어나고 있는 것이다.

회사의 공지사항이나 지시도 메일로 주고받고, 일지나 보고서도 PC로 문서 작업을 한다. 문장력은 절대 빼놓을 수 없는 업무 능력 가운데 하나가 되었다. 일뿐만 아니라 친구와의 교류나 연애, 심지어 부부나 부모자식 간의 교류나 연락도 메일이나 문자메시지 없이는 안 된다. 자신의 마음까지도 문장으로 명확하게 표현함으로써 친구, 연인은 물론 가족과의 관계가 원활하게 이루어진다. SNS를 통해 사람들과 소통할 때도 자신의 생각이나 의견을 텍스트로 표현하기 때문에 자연히 문장력이 요구될 수밖에 없다.

이렇듯 자신의 생각을 문장으로 명확히 표현할 수 있는 사람은 일에서도 인간관계에서도 성공할 수 있다.

그런데 이런 문장력을 단련하는 거의 유일한 방법은 앞서 스티븐 킹이 말한 대로 책을 '많이 읽고, 많이 쓰는 것'밖에는 없다. 다시 말해 문장력을 단련하려면 인풋인 '읽기'와 아웃풋인 '쓰기'를 반복해야 한다. 아웃풋을 전제로 인풋하고, 인풋을 한 뒤에는 아웃풋한다. 그 결과를 가지고 또 다른 인풋을 진행해나간다. 이 책에서 권하는 '아웃풋 독서법'만 실천해도 문장력은 확실히 단련된다고 자신한다. 인터넷에 문장을 쓰면서 그것을 반복해나간다면 블로그, 페이스북, 메일 매거진 등으로 인기를 누릴 수 있고, 자신의 책을 출판하는 꿈도 이룰 수 있다.

"책을 많이 읽고, 인터넷에 많은 문장을 쓴다."

이것이 내가 최근 15년간 매일 하고 있는 일을 한 문장으로 표현한 말이다.

고작 두 문장으로 일어난 '프레젠테이션 혁명'

독서를 하면 업무 능력이 향상된다. 거기에 관한 구체적인 사례로 '문장력'을 들었는데, 그 밖에 또 어떤 업무 능력이 향상될까?

업무 능력에도 여러 가지가 있다. 영업력, 커뮤니케이션 능력, 결단력, 문제 해결 능력, 시간 관리 능력, 프레젠테이션 능력, 지도력,

리더십…… 책을 읽으면 이 모든 업무 능력들을 향상시킬 수 있다! 서점만 가도 이러한 기술들을 향상시키는 책이 각 분야별로 적어도 10권 이상씩은 진열되어 있기 때문이다. 책이 지닌 노하우를 더 철저하게 실행하고 실천한다면 업무 능력은 얼마든지 발전시킬 수 있다. 그럼에도 불구하고 많은 사람들이 책을 읽지 않을뿐더러, 읽어도 별로 실천하지 않는다.

실제로 내 경우를 예로 들어보겠다. 나는 솔직히 많은 사람들 앞에서 말하는 것이 서툰 사람이다. 그래서 일대일로 대화하는 직업인 정신과 의사를 선택했는지도 모른다.

그러나 어떤 직업을 선택해도 사람들 앞에서 말해야만 하는 상황은 찾아온다. 발표나 프레젠테이션 기회도 얼마든지 있다. 더욱이 의사들은 학회 발표가 있어 100명도 넘는 청중 앞에서 발언해야 하는 상황에 종종 놓이게 된다. 나는 어차피 할 거라면 멋지게 발표하고 싶어 프레젠테이션 관련 책을 읽기 시작했다. 또 근사한 슬라이드를 만들고 싶어 파워포인트 관련 책도 읽고 공부하면서 조금씩 프레젠테이션 기술을 향상시켜왔다. 그 결과 지금은 강연이 내 주된 업무가 되었을 만큼 매달 강연회와 세미나를 개최하고, 100명의 참가자 앞에서도 당황하지 않고 자신 있게 말할 수 있게 되었다.

나의 프레젠테이션 능력을 비약적으로 발전시켜준 책이 있다. 그것은 가르 레이놀즈가 쓴 《프리젠테이션 젠》이다.

이 책에는 프레젠테이션의 아이디어 발상법에서부터 임팩트 있는 슬라이드 디자인, 프레젠테이션 기술까지 자세히 설명되어 있어 모든 페이지에서 신선한 발견을 할 수 있었다. 그 가운데에서도 내가 가장 큰 인상을 받은 것은 데이비드 S. 로즈가 말한 다음 두 문장이다.

"슬라이드를 그대로 출력해서 나눠주는 일은 절대 금물이다. 특히 발표 전에 나눠주는 일은 더더욱 금물이다."

이 두 문장을 읽은 순간 나는 몸에 전기가 지나가는 것 같은 충격에 사로잡혔다. '자료를 발표 전에 나눠준다.' 그건 바로 내가 하고 있는 방식이었기 때문이다. '자료가 있어야 뒤쪽에 앉은 사람이 알아듣기 편하고 메모하기도 쉽다. 발표 전 자료 배포는 프레젠테이션의 기본이자 참가자에 대한 최고의 서비스다'라고 알고 있던 내 상식이 완전히 틀렸던 것이다. 뭔가를 나눠주려면 실제 발표에 준하되 내용상으로는 훨씬 더 충실한 자료를 별도로 만들어서 발표가 끝난 후 나눠줘야 한다는 사실을 알았다. 나는 당장 그 다음 세미나부터 자료 발표가 끝난 뒤 자료를 나눠주는 방식으로 바꿨다. 그러자 놀라운 일이 일어났다! 먼저 참가자들의 눈빛부터가 달라졌다. 참가자들이 모두 나를 집중해서 보는 게 아닌가.

이것은 발표 전에 자료를 배포했을 때는 절대 있을 수 없는 일이었다. 강사가 아무리 열변을 토해도 나눠준 자료만 들여다보거나 고개를 숙인 채 자료 여백에 메모하느라 여념 없는 사람이 꼭 있기 때문이다.

그런데 발표 후 자료를 배포하는 방식은 참가자가 강사에게 좀 더 주목할 수 있게 해주고, 참가자의 집중력도 몇 배로 높여준다. 그 결과 참가자가 강연과 세미나 내용을 몇 배나 더 많이 흡수할 수 있게 되는 것이다. 실제로 나는 그 방식을 채택한 세미나 이후 큰 호평을 받았고, 설문을 조사했더니 이전보다 참가자들의 만족도가 훨씬 높게 나왔다. 더욱이 세미나 참가자의 수도 급증했다. 30명 모이기도 힘들었던 강연장에 매번 50명 이상 모이게 되었고, 100석의 강연장이 꽉 차는 일도 생겼다. 세미나에 대한 만족도가 높아지니 덩달아 재수강률 또한 높아졌다.

단 한 권의 책, 그것도 단 두 문장의 조언을 실천했을 뿐인데 어느새 나는 참가자 100명을 모집하는 인기 강사로 변신했고, 나의 프레젠테이션 능력에도 혁명이 일어난 것이다. 책은 업무 능력을 향상시켜준다! 이것은 나의 경험상 틀림없는 사실이다.

고민, 불안, 스트레스를
줄여준다

독서는 스트레스·불안으로부터의 탈출구다

  독서가는 어떤 문제나 걱정에 직면해도 책을 참고삼아 곧바로 해결하기 때문에 스트레스나 고민거리로 끙끙대는 일이 별로 없다. 반면에 책을 거의 읽지 않는 사람은 고민거리가 있어도 책을 읽어 문제를 해결하려는 생각 자체를 하지 못한다.

  인간은 엄청난 스트레스에 놓여 있거나 크나큰 고민거리에 휩싸여 있을 때면 시야가 좁아지기 마련이다. 그 결과 눈앞의 일에만 사로잡혀 좋은 선택을 할 기회를 놓치게 된다. 독서 습관이 없는 사람이 '책을 읽어 문제를 해결한다'는 발상 자체가 떠오르지 않는 것도 이 때문이다.

　인간관계, 일, 연애, 돈, 건강, 자녀 교육…… 사람의 걱정거리란 대체로 거기서 거기다. 그런데 이러한 걱정거리들은 대부분 책에 그 해결책이 쓰여 있다. 책에 쓰여 있는 대로 충실하게 실천한다면 상당수의 고민이 해결되거나 적어도 줄어든다는 것이다.

　그러나 이상하게도 고민거리에 사로잡힌 사람은 문제 해결을 위해 책을 읽으려 하지 않는다. '그럴 수 있는 상황'이 아니기 때문이다. 고민이나 스트레스를 겪고 있을 때는 심리적으로 여유가 없다. 평소 책을 잘 읽지 않는 사람이 그런 마음 상태에서 과연 책을 읽을 수 있을까? 당연히 읽을 수 없다.

　정신과 외래에는 질병별로 환자의 이해를 돕기 위한 안내서가 비치되어 있다. 그럼에도 불구하고 내원한 환자들은 자신의 병에 대해 무수한 질문들을 쏟아낸다. 나는 어느 정도 구두 설명을 거친 다음 "자세한 내용은 이 소책자를 한번 읽어보세요"라고 하며 안내서를 건넨다. 그리고 다음번에 그 환자가 병원에 왔을 때 "안내서는 읽어 보셨어요?"라고 물으면 대다수가 "안 읽었어요"라고 대답한다. 이유인즉슨 '그럴 상황이 못 돼서'라는 것이다. 그리곤 결국 또 안내서에 쓰인 것과 똑같은 질문을 몇 번이고 반복해온다.

　자신의 병이 걱정되면 그것과 관련된 책 한 권만 읽어도 대다수의 의문이 해결되고, 병에 대해 그토록 심각하게 걱정하거나 불안해할 필요가 없다. 하지만 스스로 서점에 가서 병에 관한 책을 읽고 공부하는 사람은 극히 드물다. 아주 작고 얇은 책자마저도 읽지 않으니 말이다.

평소 책을 사거나 읽는 습관이 없는 사람이 발등에 불 떨어진 상태에서 책을 읽을 리는 절대로 없다.

해결법만 알아도 스트레스는 줄어든다

이렇게 말하면 다음과 같이 반론하는 사람이 꼭 있다.

"해결법을 아무리 익혀도 실제로 문제가 해결되지 않으면 무의미한 거 아닌가요? 당연히 스트레스도 줄어들 리 없고 말이죠."

고민 해결법을 알아도 고민 자체가 해결되지 않으면 스트레스는 계속된다? 이러한 사고가 왜 잘못되었는지 뇌 과학적으로 증명한 실험이 있다.

A와 B, 두 개의 상자에 각각 실험용 쥐를 한 마리씩 넣고 전기 충격을 주었다. 단 A상자에만 전기 충격을 멈추는 지렛대를 설치했고, 그 지렛대를 밟으면 A와 B 두 상자 모두 전기 충격이 멈춘다. 결과적으로 두 쥐가 받는 전기 충격 회수와 시간은 동일한 셈이다.

몇 번의 전기 충격을 주자 A상자의 쥐는 전기 충격을 멈추는 방법을 학습했다. 지렛대를 밟아서 스스로 전기 충격을 제어할 수 있는 A상자의 쥐와, 아무것도 할 수 없이 그저 전기 충격만 두려워하는 B상자의 쥐 가운에 어느 쪽이 더 스트레스를 받을까?

전기 충격을 받는 회수와 시간이 둘 다 같았음에도 불구하고 아무것도 할 수 없는 B상자의 쥐가 더 많은 스트레스를 받아 급격하게 쇠약해졌다. 반면 스스로 고통을 제어하는 방법을 알았던 A상자의 쥐는 상대적으로 불안과 스트레스가 현저히 줄어들었다.

이 실험의 결과를 봐도 알 수 있듯이 스트레스는 '어떻게 하면 좋을지 알 수 없는 상태'일 때 가장 심해진다. 따라서 <u>대처법이나 해결책을 알아본 후 조절 가능하다는 사실만 알아도 스트레스가 대부분은 없어진다. 상황이 전혀 개선되지 않아도 말이다.</u>

언어 정보가 불안을 지워 없앤다

해결법만 알아도 스트레스와 불안이 해소된다는 과학적 근거가 하나 더 있다. 뇌 과학 연구에 따르면, 불안이란 뇌의 편도체 부위와 관련이 있다고 한다. 즉 '편도체의 흥분=불안'이라고 할 수 있는데, 흔히 말하는 우울병이란 장기간의 스트레스로 인해 편도체의 흥분 스위치가 지속적으로 켜져 있는 상태를 말한다. 이런 우울병 환자는 항상 불안하고 무엇이든 나쁜 쪽으로 생각하기 쉽다.

그런데 이러한 사실을 반대로 해석하면 편도체의 흥분을 진정시키면 불안을 줄일 수 있다는 뜻이기도 하다.

뇌 기능 이미징을 이용한 연구에 따르면 '언어 정보'가 뇌에 들어오면 편도체의 흥분이 억제되고, 그에 따른 부정적인 감정이 진정되며, 기분도 개선되고, 결단력이 높아진다는 사실이 관찰되었다. 엄마가 배 아픈 아이를 위해 "엄마 손은 약손~" 하고 배를 문지르면 실제로 아픔이 사라진 것처럼 느끼는 것은 암시 효과도 있지만, '언어 정보'에 의한 불안 해소의 결과이기도 하다. 정보는 인간의 불안을 완화시켜준다. 뇌로 가는 언어 정보는 '말하기', '듣기', '읽기' 등의 온갖 패턴이 있다. 그 중에서도 다른 사람과 말하고, 다른 사람에게 정보를 얻는 것이 가장 효과적이지만 '말하고, 들으려면' 아무래도 상대가 필요하다. 그러나 '읽는' 데는 상대가 필요 없다. 책 한 권 살 돈만 있으면 누구라도 자기 혼자 바로 실천할 수 있다.

<u>걱정거리가 있으면 그것에 관한 대처법이 쓰인 책을 한 권 사서 읽으면 된다. 언어 정보로 불안감은 감소되고, 해결법을 앎으로써 스트레스는 한결 가벼워질 것이다.</u>

이처럼 책을 잘만 활용하면 불안과 스트레스가 상당히 줄어들 뿐 아니라 조절도 얼마든지 가능하다.

6분만 책을 읽어도 스트레스가 68% 감소한다

독서가 스트레스와 불안을 해소하는 데 강력한 효과가 있다는 사실을 입증하는 또 다른 연구 결과가 있다.

영국 서섹스대학 신경심리학의 권위자인 데이비드 루이스 박사 연구팀에서는 독서, 음악 감상, 한 잔의 커피, 게임, 산책 등이 스트레스를 얼마나 줄여주는지 피실험자들의 심박수 등을 토대로 측정했다. 그 결과, 조용한 곳에서 약 6분 정도 책을 읽으면 스트레스가 68% 감소됐고, 심박수가 낮아지며 근육 긴장이 풀어지는 것으로 나타났다. 음악 감상은 61%, 커피 마시기는 54%, 산책은 42%의 스트레스 경감 효과가 나타났으며, 게임은 스트레스를 21% 줄여줬지만, 심박수는 오히려 높이는 결과를 초래했다.

 루이스 박사는 "경제 상황 등이 불안정한 요즘 같은 때일수록 현실에서 탈출하고 싶은 욕구가 크다"고 하면서 "무슨 책을 읽는지는 중요하지 않다. 다만 작가가 만든 상상의 공간에 푹 빠져, 일상의 불안과 스트레스에서 탈출할 수 있으면 된다"고 말했다.

 요즘처럼 책을 읽지 않는 시대에 정말 의외의 결과가 아닐 수 없다. 어차피 스트레스가 불가피한 것이라면 고민하지 말고, 잠깐의 독서로 일상의 걱정과 근심에서 탈출해보자.

05
공부 머리가 좋아진다

내 머리가 좋아진 진짜 이유

　나는 원래 머리가 좋은 편은 아니었다. 적어도 고등학교, 대학교 때까지는 말이다. 고등학교 동창들은 그런 내가 10권 이상의 책을 냈고, 강연 활동까지 하고 있다는 사실을 알면 깜짝 놀란다.

　나는 대학 졸업 무렵과 지금을 비교했을 때 머리가 현격히 좋아졌다는 자부심이 있다. 사고력, 분석력, 집중력, 문장력, 발상력, 문제 해결 능력 등 다방면에서 예전과는 비교할 수 없을 만큼 진화했고, 지금도 진화 중이다. 그 이유는 한 달에 30권의 독서와 매일 글 쓰는 일을 30년 이상 지속해왔기 때문이다. 글을 꾸준히 쓰기 위해서는 지속적인 인풋이 필요하다. 따라서 '글쓰기'와 '독서'는 표리일체다. 독서와 글 쓰는 훈련을 계속해왔기에 개성 있고 참신한 주제의 책을 쓸 수 있게 되었고 여러 가지 능력이 더더욱 향상되고 있다.

머리가 좋아진다는 것은 그저 지식이 늘어나는 것뿐이라고 오해하는 사람이 많다. 그러나 독서는 우리를 박식하게 해주는 것으로 그치지 않는다. 창조적 사고력이 좋아지고, 지능이 높아지며, 뇌가 활성화되어 뇌 효율이 높아진다. 이는 수많은 뇌 과학 연구가 증명하고 있는 명백한 사실이다.

인간의 뇌는 평생 성장한다

'머리가 좋고 나쁨은 선천적으로 정해져 있다.' 혹은 '뇌신경은 약 20세까지만 성장하며, 20세를 넘으면 뇌세포가 죽는다'고 생각하는 사람이 있다. 30년 전 내가 의학부 학생이었을 때까지만 해도 그렇게 배웠다. 그러나 이러한 믿음은 잘못된 것이라는 사실이 증명되었다. 뇌 과학 연구의 발전으로 뇌세포는 20세를 넘어도 분열, 성장하고 심지어 평생 지속된다는 것이 밝혀졌기 때문이다. 특히 신경세포가 가지를 뻗쳐서 다른 신경세포와 네트워크를 구축한다는 '뇌 네트워크 구축'은 평생에 걸쳐 이뤄진다. 그리고 이런 뇌 네트워크 구축은 뇌 훈련을 통해 얼마든지 가능하다.

인간의 능력이 태어났을 때 이미 정해져 있다는 것은 큰 오해다.

당신의 나이가 몇 살이든 간에 지금부터라도 뇌를 단련한다면 얼마든지 능력을 발전시킬 수 있다.

그렇다면 뇌를 단련하기 위한 가장 좋은 방법은 무엇일까?

바로 운동과 독서다. 존 J. 레이티와 에릭 헤이거먼이 쓴《운동화 신은 뇌》를 읽어보면 '운동이 뇌를 젊어지게 한다'는 구체적인 데이터가 자세히 나와 있다. 또 일본 뇌 기능 학자인 도마베치 히데토 박사는 "IQ 수치는 읽은 책의 권수와 정비례한다", "책을 많이 읽으면 읽을수록 IQ가 점차 높아진다", "독서는 IQ를 높이는 최고의 수단이다"라고 단언하고 있다. 그밖에 독서가 지능과 뇌에 미치는 영향에 대해 연구한 데이터를 요약해서 소개하면 다음과 같다.

"IQ를 좌우하는 요인으로 유전자 다음으로 중요한 것이 독서량이다. 무엇을 읽었느냐가 아니라 얼마만큼 많이 읽었느냐가 열쇠가 된다."

– 독서량이 IQ에 미치는 영향, 미국 아이오와주대학 연구

"고령 이후에 하는 독서는 정신적 퇴화를 32% 늦추고, 머리를 전혀 쓰지 않으면 정신적 퇴화가 48%나 빨라진다."

– 독서의 뇌 노화 방지 효과, 미국 러시대학 연구

"독서와 퍼즐 등 평소 머리를 쓰는 취미를 가진 사람은 알츠하

이머병에 걸릴 위험이 낮다."

— 독서의 치매 예방 효과, 미국 케이스웨스턴리저브대학 연구

"문장을 읽을 때 뇌의 전두전야, 두정엽, 측두엽, 후두엽의 여러 부위가 좌·우뇌 모두 활성화된다. 또한 소리 내어 읽으면 이 뇌 부위들은 더욱더 활성화된다."

— 독서의 뇌 활성화 효과, 도호쿠대학교 가와시마 류타 교수

"창조적 사고력 발달의 열쇠이자 집중력을 발휘할 때도 쓰이는 뇌 전두엽 앞쪽에 있는 배외측 전전두피질(DLPFC)은 독서에 집중한 상태에서 활발히 활동한다."

— 독서의 집중력 단련 효과, 일본 뇌과학자 모기 겐이치로

"문학작품을 읽으면 다른 사람의 표정에서 그 심정을 읽을 수 있는 능력이 향상된다."

— 독서의 공감능력 향상 효과, 미국 뉴스쿨대학 연구

위와 같은 다양한 연구들로 독서가 기억력, 사고력, 집중력, 정보처리능력, 공감능력, 커뮤니케이션 능력, 창조력 등을 단련시켜준다는 사실이 입증되었다. 최근에는 사회적 성공이 IQ뿐만 아니라 EQ(감성지수)·SQ(사회성지수)와 상관관계가 있다는 의견도 나와

있다. EQ와 SQ는 공감능력이 아주 중요한 의미를 갖는데, 이 공감능력은 독서, 특히 소설을 읽음으로써 단련된다고 한다.

우리는 정보와 지식의 대부분을 언어를 통해 얻고 있다. 즉, 언어를 처리하고 이해하는 능력이 높은 사람일수록 정보와 지식을 뇌에 보다 효율적으로 입력할 수 있다. 독서로 인해 정보와 지식이 늘어날 뿐만 아니라 언어능력도 길러지기 때문에 결과적으로 책을 읽으면 머리가 좋아짐은 틀림없는 사실이다.

06
운명을
바꿀 수 있다

독서로 당신의 인생이 바뀐다

당신은 지금의 생활, 지금 하고 있는 일, 지금의 수입에 만족하고 있는가?

아마 대부분은 그렇지 못할 것이다.

많은 사람들이 '수입이 좀 더 많았으면 좋겠다', '나에게는 더 하고 싶은 일이 있다', '이 생활에서 벗어나고 싶다'라고 생각하면서도 별 다른 노력이나 행동을 하지 않고 매일을 흐지부지 흘려보내고 있다. 그러나 알다시피 지금 아무것도 하지 않으면 현실은 절대 달라질 수 없다.

만약 당신이 지금의 생활, 지금의 일, 지금의 수입을 바꾸고 싶다면 가장 먼저 시작해야 할 일로 '독서'를 추천한다. 책에는 이 세상 모든 문제의 해결법이 쓰여 있기 때문이다. 자신의 머리로 아무리 상황을 타개할 방법을 모색해봤자 한계가 있다. 그러나 책을 읽으면 몇천, 몇만 명의 선각자, 선배들의 지혜를 빌려올 수 있다.

현실을 바꾸는 일은 그다지 어렵지 않다. 독서를 통해 폭넓은 견해를 익히고 무한한 가능성이 펼쳐진 미래를 스스로 만들어나가라.

내가 정신과 의사가 된 이유

"카바사와 씨는 왜 정신과 의사가 되셨어요?"

나는 종종 이런 질문을 받는다.

의학부에 입학한 초기만 해도 나는 내과 의사가 목표였다. 그러나 실제로 의학을 공부하고 내과와 외과 등에서 임상실습을 하면서 나는 어떤 위화감을 느끼게 되었다.

어느 과, 어느 병원에서든 컨퍼런스가 열린다. 수련의가 환자 상태를 프레젠테이션하고, 베테랑 의사와 교수가 거기에 질문하거나 조언하는 방식이다. 컨퍼런스에서 발표되는 것들은 주로 혈액 수치, X-ray, CT, MRI 사진의 결과 등 각종 검사 데이터들이다. 중요한 건 단지 질병이나 검사 데이터일 뿐 '질병으로 고통 받는' 환자 개개인의 괴로움 따위가 아니다. 물론 하루에도 수백 명 이상의 환자들이 내원하며 주로 수술 등의 중요한 치료가 많이 이루어지는 큰 규모의 대학병원이기에 그런 경향이 더더욱 강한지도 모르겠다.

그러던 어느 날 정신과의 임상 실습 차례가 돌아왔다. 정신과 카운슬링은 30분에서 1시간에 걸쳐 환자와 마주하고 대화를 나눈다. 사람과 사람의 관계가 매우 깊다. 그때 나는 '정신과에서는 사람과 이렇게까지 진지한 자세로 마주하는구나'라고 감동했다.

그 일을 계기로 내과와 정신과의 전공 선택을 놓고 갈등이 일기 시작했다. 당시에는 소속되고 싶은 의국을 결정하면 졸업 후에 그 의국에 소속되는 시스템이었는데, 어느 의국으로 들어갈지는 6년째 여름휴가가 끝나기 전까지 결정하는 것이 통례였다.

내 인생을 바꾼 한 권의 책

마침내 진로를 결정하지 않으면 안 되는 의학부 6년째 여름이 되었다.

우연찮게 서점에 들렀는데 때마침 문고책 행사가 열리고 있었다. 책들이 줄줄이 나열되어 있는 가운데 한 권의 책이 내 눈에 들어왔다. 바로 일본을 대표하는 SF작가인 유노 큐사쿠의 《도구라 마구라》다! 당시 이미 영화로 제작된 상태였고 영화를 상당히 재미있게 본 터라 꼭 한 번 원작을 읽어보고 싶던 책이었다. 나는 속으로 '아, 도구라 마구라다!'라고 외치며 그 자리에서 바로 구입해 읽기 시작했다.

정신 병동에 입원한 기억상실 환자인 주인공이 자신이 누구인지를 찾아나간다는, 말 그대로 인간의 정신을 주제로 한 이야기다. 주인공과 담당 정신과의의 대화가 이야기 축이 되어 진행되는데, 정신과 환자의 심리가 잘 묘사되어 있고, 아울러 정신과 의사는 어떻게 카운슬링을 하는지 그 분위기도 생생하게 그려져 있었다.

일본 3대 기서 중 하나로 꼽히는 《도구라 마구라》는 그 책 내용이 지리멸렬해서 읽다 보면 머릿속이 혼란스러워진다. 심지어 "이 책을 읽으면 반드시 한 번은 정신 이상이 온다"는 말이 있을 정도다. 영문을 알 수 없는 전개에 상상을 초월하는 결말, 그야말로 경악을 금치 않을 수 없다. 그러나 나는 이 책을 읽으면서 정신세계의 심오함과 불가사의를 실감할 수 있었고, 마침내 이렇게 생각하기에 이르렀다.

'정신의학이라는 학문은 참으로 심오하구나. 앞으로 내가 평생에 걸쳐 몰두해야 할 주제는 이것밖에 없다!'

우스갯소리로 하는 말이지만, 일본 만화가 데즈카 오사무의 《블랙잭》을 읽고 외과의가 된 친구는 보았지만, 나처럼 《도구라 마구라》를 읽고 정신과 의사가 된 사람은 지금까지 단 한 번도 만난 적이 없다.

어찌 됐든 만약 당시에 그 책을 만나지 않았더라면 나는 정신과 의사가 되지 못했을지 모른다. 작가도 되지 못하고 아마 지금쯤 홋카이도의 한 시골 병원에서 내과 의사로 지내고 있을 것이다.

그렇게 《도구라 마구라》는 나에게 있어 '운명을 바꿔준 책'이 되었다. 나에게 《도구라 마구라》가 그랬던 것처럼 책이라는 것은 때론 우리 인생에 엄청난 파장을 일으킨다. 운명을 바꿔놓을 만큼의 어마어마한 기회를 제공해주는 것이다.

당신만의 '운명의 책'을 찾아라

당신에게도 '운명을 바꿔준 책'이 있는가?

내게 그랬던 것처럼 한 권의 책은 나 자신이 나아가야 할 길, 장래의 꿈과 목표에 지대한 영향을 미치기도 한다.

인간은 자신의 경험과 체험으로만 사물을 판단할 수 있다. 그런데 '책을 읽지 않는 사람'은 자신의 가난한 경험과 체험으로만 사물을 판단할 수밖에 없다. 그런 사람은 우물 안의 개구리처럼 살게 될지 모른다. 우물 밖 정보가 전혀 없는데 그 우물에서 나갈 수 있는 아이디어가 떠오를 리 없다.

책에는 다른 사람의 경험과 체험이 많이 쓰여 있다. 자신이 평생 걸려도 체험할 수 없는 몇천, 몇만 명의 인생 방식과 교훈을 책을 통해 배울 수 있다. 심지어 자신에게 딱 맞는 천직, 삶의 보람, 가슴 뛰는 꿈 등을 찾을 가능성도 매우 크다.

당신도 '운명의 책'을 만난다면 인생을 완전히 변화시킬 수 있다.

독서로 미래의 선택지를 늘려라

얼마 전에 한 술집에 갔을 때의 일이다.

옆 테이블에서 한창 취업 활동 중인 것으로 보이는 대학생 4명이 서로의 구직 상황에 대해 이야기하고 있었다. 모두들 취직이 안 돼 몹시 힘든 상황인 것 같았다. 이런 저런 이야기를 나누던 중 대학생 A가 말했다. "앞으로 나는 어쨌거나 연수입 1억은 됐으면 좋겠어." B가 잽싸게 거들었다. "그건 대기업 상사나 공공기관 아니면 어려워." 그러자 다시 A가 "그렇겠지. 역시 연수입 1억 원은 무리겠지……"라고 말하며 몹시 아쉬운 표정을 지어보였다.

당신은 '연수입 1억 원을 버는 방법'을 몇 개나 말할 수 있는가? A와 B는 연수입 1억 원을 버는 방법으로 대기업 상사나 공공기관에 취업하는 일밖에 생각하지 못했다. 하지만 연수입 1억 원을 버는 방법은 세상에 얼마든지 있다.

창업을 한다, 부업을 한다, 회사에서 부장이나 임원으로 승진한다, 자격증을 취득해 전직한다, 자본금을 꾸준히 모아 프랜차이즈를 경영한다, 대출로 부동산을 구입해 집세 수입을 얻는다, 주식이나 외환거래 투자를 소액부터 시작한다, 인터넷 사업을 시작한다, 개인 수입 사업을 한다, 책을 써서 인세 수입을 얻는다, 부자와 결혼한다, 복권에 당첨돼서 당첨금을 운용한다…… 연수입 1억 원 버는 방법을 10개는 떠올리는 사람과 하나밖에 떠올리지 못하는 사람 중 장래에 연수입 1억 원을 벌 확률이 높은 쪽은 어느 쪽일까?

A와 B처럼 일류 기업에 취업하는 것밖에 생각하지 못한다면 계속해서 취업에 실패할 경우 결국 연수입 1억을 버는 인생을 포기할 수밖에 없다. 그러나 회사를 차려서 그 회사가 성공하면 연수입 1억 원 이상을 벌 수 있다는 것을 안 선상에서 '장래에 회사 창업'이라는 가능성을 고려한다면 취업 활동도 달라지지 않을까? '월급이 많은 회사'뿐만 아니라 '장래에 창업할 때 도움되는 경험을 쌓을 수 있는 회사'도 선택지에 넣을 수 있고, '소규모여서 여러 가지 경험을 쌓을 수 있는 중소기업'이라는 선택지도 나올 수 있다.

인간이란 머릿속에 없는 일을 실천에 옮길 수는 없다. 어떤 가능성도 떠오르지 않는데 어떻게 열심히 노력할 수 있겠는가!

만약 연수입 1억 원을 벌고 싶다면 연수입 1억 원을 벌 수 있는 방법을 몇 가지 알고 있어야만 한다. 또한 선택지가 많을수록 실현 확률이 더 높음은 더 말할 필요도 없다. 그리고 연수입 1억 원을 벌 수 있는 방법이 쓰인 책은 서점에 가면 몇백 권이나 된다. 진심으로 연수입 1억 원을 벌고 싶다면 그러한 책들 가운데 자신에게 맞는 '운명의 한 권'을 선택해 열심히 공부해서 노력하면 그만이다. 선택지가 없다면 무엇을 해야 좋을지 알 수 없고 노력할 수도 없다.

이처럼 책을 많이 읽으면 장래의 선택지를 늘릴 수 있다. 혼자서는 2가지밖에 생각하지 못한 선택지도 책을 읽으면 4가지로 늘릴 수 있다.

돈과 성공도 독서로 얻는다

돈을 벌고 싶다, 수입을 늘리고 싶다, 월급이 좀 더 많은 회사에 가고 싶다고 소망하는 사람은 얼마든지 많다. 그러나 돈을 벌기 위해 어떤 노력을 하고 있느냐 물으면 자신 있게 대답할 사람은 별로 없다. 돈을 원한다고 해도 대부분 무엇을 해야 좋을지 알지 못한다.

돈이라는 것은 그 사람이 하는 노동의 가치에 걸맞게 지불된다. 즉, 자신이 지금과 똑같은 인간인 이상 수입이 비약적으로 늘어날 수는 없다. 반대로 높은 수입을 얻을 만한 인간으로 성장한다면 수입은 늘어나는 게 당연한 이치다.

책을 읽고 노력하면 지식, 경험, 비즈니스 기술, 커뮤니케이션, 인간관계 등의 다양한 능력뿐만 아니라 심지어 외모까지도 좋게 변화시킬 수 있다. 독서를 통한 자기성장으로 당신의 가치를 높여라.

독서량과 수입은 비례한다

어떤가? 책 읽는 건 싫어도 독서를 하면 수입이 늘어난다고 하니 독서에 대한 동기부여가 생기지 않는가?

실제로도 독서량과 연수입은 비례하는 것으로 나타났다. 독서량에 대해 많은 조사가 이뤄지고 있는데 대부분의 조사에서 연수입이 높은 사람은 독서량도 많다는 결과가 나왔다.

예를 들어, 2009년 일본 경제산업지역연구소가 전국 20~60대 남녀 1,000명을 대상으로 한 달간 서적 구입비를 조사했다.

20~30대의 연령층을 보면, 연수입 8,000만원 이상인 사람의 한 달 서적 구입비는 29,100원으로 2006년차 조사와 비교해서 90% 증가했다. 또 연수입 4,000~8,000만원 미만인 사람들은 25,770원으로 23% 증가, 4,000만원 미만인 사람들은 19,140원으로 24% 감소했다.

<u>연수입이 높을수록 한 달 책 구입비가 많고, 연수입이 낮을수록 책 구입비가 적은 것이다. 그리고 이러한 경향은 최근 들어 더욱 강해지고 있다.</u>

책을 싫어하는 사람은 이 데이터를 보면 반드시 이렇게 말한다.

"돈에 여유가 있으니 책을 많이 사보는 건 당연하지. 책을 많이 읽어서 수입이 늘어난다는 인과관계는 설명이 안 돼."

그렇다면 독서를 좋아하는 회사 사장이나 고액 연봉을 받는 직장인을 만날 기회가 있을 때 "언제부터 독서를 하셨습니까?"라고 한번 물어보라. 아마 "젊어서부터", "학창시절부터" 혹은 "어린 시절부터"라고 대답할 것이다. 즉, 지금 수입이 높은 사람은 돈이 없을 무렵이나 성공하기 전부터 독서하는 습관이 있다는 말이다.

독서는 습관이다. 독서 습관이 없는 사람이 부자가 되었다고 해서 갑자기 책을 읽는다는 것은 무엇보다 있을 수 없는 이야기다.

성공한 경영자의 공통점은 무엇일까?

내 친구이자 경영 컨설턴트인 노다 요시나리 씨는 지금까지 9,000명 이상의 경영자를 만났고, 500개 이상의 기업을 상대로 컨설팅을 해왔다고 한다. 그런 그에게 "성공한 경영자의 공통점은 무엇입니까?"라고 묻자 다음과 같은 흥미로운 답을 들려주었다.

"성공한 경영자 대부분이 '독서가'입니다."

그렇다면 성공한 경영자면서 책을 읽지 않는 사람은 없는지 물었다. 그는 당연히 그런 사람도 있다고 한다. 그러나 책을 읽지 않는 경영자치고 10년, 20년씩 지속적으로 좋은 업무 성과를 보인 예는 극히 드물다고 한다. 즉, 책을 읽지 않는 경영자는 좋은 결과가 나왔다 해도 '단발의 성공'으로 그칠 가능성이 높고 연전연승은 어렵다는 것이다.

책을 읽지 않는 사람은 '아류'다. 그러한 아류가 어쩌다 잘되는 일도 있겠지만 매번 아류가 통할 만큼 세상은 그리 녹록치 않다.

거듭 말하지만, 한 사람이 할 수 있는 경험이나 시행착오에는 한계가 있다. 하지만 책에는 다른 사람의 실패 경험과 시행착오의 흔적이 기록되어 있다. 그것만 참고해도 잘못된 길에 들어서지 않는다. 타인의 경험을 살림으로써 시간 낭비를 줄이고 최단 시간에 성공의 길로 들어설 수 있다.

우리에게 주어진 시간은 한계가 있다. 다른 사람의 경험이 가득

실린 책을 멋지게 활용함으로써 5년, 10년씩 돌아갈 길을 단숨에 내달릴 수 있다면 12,000원짜리 책을 100권 샀다고 해도 아주 싸게 산 것이라고 나는 생각한다.

적은 비용으로 최대 효과를 누릴 수 있는 것이 독서다. 비즈니스에서나 사회적으로나 성공하고 싶다면, 그리고 높은 수입을 얻고 싶다면 오직 독서밖에 없다.

07
자기성장과 발전을 촉진시킨다

기억에 남기는 독서가 성장 속도를 높인다

독서의 최종 목적은 무엇일까?

이제껏 업무 능력 향상, 머리를 좋게 하는 것, 수입 향상과 사회적 성공 등 독서로 인해 얻을 수 있는 것을 여러 가지로 설명해왔는데, 그 모든 것을 한 마디로 정의한다면 '자기성장'이다.

그런데 책을 읽어도 그 내용을 실천하지 않는 사람이 대부분이다. 그저 책을 읽는 것만으로 만족한다는 사람이 많다. 지적 호기심을 충족시키는 것도 독서의 한 목적이기는 하지만 그것이 최종 목적이 되어서는 책을 100권 읽어도 현실은 전혀 달라지지 않는다.

상담자의 자기성장과 행동 변화를 목적으로 하는 심리카운슬링은 치료자가 상담자의 행동을 바꾸지 못하면 현실의 변화를 불러일으킬 수 없다. 즉 '행동'이라는 외부 세계에 대한 액션을 바꾸지 않는 한 내면적인 변화만으로 현실은 달라지지 않는다.

독서의 경우도 마찬가지다. 자기성장이 촉진되고, 사고와 행동을 변화시키며, 자신을 둘러싼 환경이 조금이라도 좋아지는 독서를 해야 한다. 이런 독서를 하면 할수록 당신의 성장 속도는 확실히 빨라지며 행복한 인생을 살게 될 것이다.

그렇다면 자기성장과 행동 변화를 이끌어내는 독서법이란 어떤 것일까? 그것을 지금부터 설명할 텐데 그 전제가 바로 '기억에 남긴다'는 것이다. 읽고 한 달쯤 지나면 내용을 거의 잊어버리는 독서, 일주일 전에 읽은 책인데 다른 사람에게 내용을 설명할 수 없는 읽기 방법으로는 결코 성장할 수 없다. '읽으면 잊어버리지 않는' 독서법을 익히고, 자기성장의 속도를 높여서 당신의 현실을 바꿔나가는 것이 이 책의 진짜 목적이다.

08

시간, 장소 걱정 없는
최고의 오락이다

결국 즐거우면 된다!

"카바사와 씨는 책을 왜 읽나요?"라고 질문받는 경우가 있다. "자기성장을 위해서요!"라고 대답하면 근사할지 모른다. 성장을 위한 독서가 나의 최종 목적인 건 분명하지만, 그렇다고 해서 매일 책을 펼칠 때마다 '성장해야만 해!'라고 기를 쓰고 읽지는 않는다.

내가 이 정도로 책을 많이 읽는 이유는 단지 즐겁기 때문이다. 이것이 가장 기본이다. 책을 읽는 순간은 재미있다! 그저 그뿐이다. 그래서 책을 읽으면 또 다른 책을 읽고 싶어진다. 결과적으로 즐겁기 때문에 한 달에 30권씩 나도 모르게 읽고 있다. 그리고 나도 모르게 성장하고 있는 것이다.

한 권에 10,000원 정도의 비용을 내고, 전철 안에서도 카페에서도 침대에서도 장소 불문하고 어디서나 즐길 수 있다. 1년간 매일 즐길 수 있다. 시간과 장소 구애 없이 즐거울 뿐 아니라 성장으로 이어지는 이런 값싸고 유익한 오락이 또 어디 있는가? 독서는 나에게 매일의 오락이자, 최고의 오락이다. 책을 읽으면 가슴이 두근거리고, 즐거워서 어찌할 바를 모르겠다.

'두근거리고 즐거운' 그 순간에 우리 뇌에서는 기억을 강화하는 신경전달물질인 도파민이 분비된다. 즉 책을 오락으로 삼아 즐기면서 읽는 것만으로도 도파민이 분비되고 기억에 남는다.

즐기는 독서가 자기성장을 가져온다

지금까지 자기성장을 위해 책을 읽자고 해놓고 즐기기 위해 책을 읽자는 말은 모순 아니냐고 지적하는 사람이 있을지 모르겠다. 그러나 어디까지나 책을 읽는 동기 자체는 '즐거워서'여야 한다. 오로지 자기성장을 위해, 일에 도움을 얻기 위해 독서를 한다면 결국은 지속하기 힘들다. 왜냐하면 '성장한다', '업무에 활용한다'(승진한다, 월급이 올라간다 등)라는 결과는 책을 읽고 나서 1, 2개월 안에 나오는 것이 아니기 때문이다. 그것을 목적으로 해버리면 '이렇게 책을 읽는데도 성과가 조금도 없네'라고 생각하게 되며, 그 결과 동기 부여가 떨어지고, 어느새 다시 책을 읽지 않던 예전 모습으로 되돌아가고 만다.

또한 목적 달성을 위해 억지로 하는 독서는 결국 짜증나는 독서로 이어질 수 있다. '일을 위해 이번 주 안에 반드시 책을 읽어야 해', '자료 작성을 하려면 내일까지 읽어두어야 해', '리포트 제출 때문에 꼭 읽어야 해', '여름 방학 독서감상문 숙제라 읽어야 해'처럼 일을 위해 읽거나 과제 삼아서 억지로 독서를 하면 절대 도파민이 분비되지 않는다. 도리어 스트레스가 되고 애써 읽어도 기억에 남지 않을뿐더러 몸에 배지도 않는다.

<u>책을 읽을 때는 즐기듯 읽는 것이 좋다. 자신에게 부담감을 주지 말고 그저 즐기면서 읽기만 해도 기억에 남고, 배움도 커지며, 자기성장으로 이어진다.</u> 자기성장을 목적으로 하지 않는 쪽이 결과적으로 더 큰 성장으로 이어지는 것이다.

독서 기피자였던 내가 독서 애호가로 바뀐 순간

책을 즐겁게 읽으라고는 했지만 사실 독서를 싫어하는 사람이 많은 게 현실이다. 나 또한 독서를 아주 싫어했다. 그러나 지금은 한 달에 30권을 읽을 만큼 책을 좋아한다.

내가 작가라는 이유만으로 어린 시절부터 독서를 좋아하고 국어 성적도 좋았으리라고 생각하는 사람이 많은데 절대 그렇지 않다. 초등학교, 중학교, 고등학교를 다니는 동안 내가 가장 서툴렀던 과목이 '국어'였다. 전 과목 중에서 국어가 가장 골칫거리였고 성적도 맨 하위권이었다. '대체 어떻게 문장을 써야 하지?', '국어가 진짜 싫다!'라고 진심으로 생각했다. 지금 생각하면 초등학교, 중학교 시절에는 거의 책을 읽지 않았기에 국어가 서투른 건 참으로 당연한 결과였다.

그토록 독서를 싫어했던 내가 지금은 어떻게 독서 애호가로 탈바꿈했을까?

고등학교 1학년 여름에 있었던 일인데 지금도 잊을 수가 없다.
친구가 "말도 안 되게 재미있는 히로익 판타지가 있는데 한번 읽어봐"라며 내게 반 강제로 5권의 책을 빌려주었다.

당시 나는 영화광 소년이었다. 틈이 있을 때면 영화만 봤기 때문에 책은 거의 읽지 않았다. 그러나 나는 그 '히로익 판타지'라는 말에 넘어가고 말았다. 스페이스 판타지라 불리는 영화 〈스타워즈〉의 광팬이었던 나는 SF 영화나 특수촬영영화, 판타지 영화라면 환장할(?) 정도로 좋아했기에 왠지 끌리지 않을 수 없었다.

'속는 셈치고 한번 읽어보자'라고 생각하며 제1권을 읽기 시작했다. 상황 설명과 인물 설명이 계속 이어져서 이야기에 별로 몰입하지 못했다. 그러다가 마지막 10페이지를 남겨두고 갑자기 흥미가 느껴지기 시작했다. 그리고 제2권에 들어가자 이야기 진행속도가 빨라졌다. 급기야 제3권으로 접어들자 읽기를 멈출 수 없었다.

'뭐야, 이렇게 재미있다니!'

제1권에서의 세계관과 인물에 관한 설명이 그쯤 되어서야 복선이었음을 깨닫게 되었다. 정말이지 너무나도 재미있었다! 제4권, 5권으로 진행됨에 따라 이야기의 스케일이 폭발적으로 확대되고 재미도 한층 더 배가되기 시작했다.

단숨에 제5권까지 다 읽고 나서 나는 비로소 생각했다.

'소설이 이렇게 재미있구나!'

그 5권의 책이란 바로 구리모토 가오루의 《구인 사가》다.

출생의 기억을 잃은 표범머리 가면을 쓴 전사, 목숨을 노리는 적국의 추격자를 피해 도망치는 아름다운 쌍둥이 왕자와 공주, 그리고 야심만만한 수수께끼의 용병. 출신도 신분도 다른 4명이 운명에 이끌린 것처럼 함께 만나 펼치는 장대한 모험 이야기다.

마침 여름 방학이기도 해서 책을 거의 손에서 놓지 않고 읽었다. 일주일 동안 5권을 모두 읽었고, 마지막 책장을 넘기자마자 나는 친구에게 전화했다.

"빨리 다음 책 빌려줘."

제5권을 모두 읽은 그 날부터 책을 대하는 나의 태도는 180도 달라졌다. 먼저 구리모토 가오루가 이전에 쓴 소설을 몇 권 더 찾아 읽었다. 그러면서 차차 당시 유행했던 일본의 호러와 판타지 소설로 흥미의 대상을 넓혔으며 로버트 E. 하워드, 필립 K. 딕, H. P. 러브크래프트 등 해외 작가의 SF, 판타지, 호러 소설을 섭렵했다. 고등학교 시절에는 왕복 2시간에 걸쳐 통학했기 때문에 통학 시간을 독서 시간 삼아 많은 책을 읽었다. 이틀에 한 권꼴로 읽었을 것이다. 틈새시간 독서법은 이 무렵에 익힌 습관이다.

독서 기피자였던 내가 독서 애호가로 변한 순간, 그것은 소설《구인 사가》를 만나고서부터다. 책에 빠지기 전 나는 소문난 영화광 소년이었고, 그중에서도 스케일이 큰 픽션 장르를 아주 좋아했다. 나는《구인 사가》이전에 '이렇게 재미있는 책도 있다'라는 체험을 하지 못한 탓에 스스로 '국어를 못한다'라고 믿어버리고 국어 포기자가 되었던 것이다.

그런 내가 지금 이렇게 작가로 활동하고 있는 것은 책이 좋아서다. 책을 좋아하다 보니, 스스로도 책을 쓰고 싶었다. 그리고 그 원점을 되짚어보면《구인 사가》와 만난 고등학교 1학년 여름의 체험으로 거슬러 올라간다. 마침내 내가 정말 좋아하는 책 한 권을 발견했고, 운명의 책을 만남으로써 엄청난 독서 기피자에서 하루도 책을 읽지 않고는 견딜 수 없는 독서 애호가로 바뀌었다. 그리고 그 순간에 무한한 가능성의 문도 동시에 열린 것이다.

제2장

'읽으면 잊어버리지 않는' 독서법의 기본 원칙

훌륭한 건축물은 아침 햇살에 비춰보고
정오에 비춰보고 달빛에도 비춰보아야 하듯이
진정으로 훌륭한 책은 유년기에 읽고
청년기에 다시 읽고 노년기에 또다시 읽어야 한다.
- 로버트슨 데이비스

이번 장에서는 독서법의 기본 원칙 3가지,
'기억하는 독서', '틈새시간 독서,'
'깊이 있는 독서'에 대해서 알아보자.

01
10년이 지나도
'기억하는 독서'

일주일에 3회 아웃풋하면 기억에 남는다

  책을 읽었어도 내용을 잊어버린다면 의미가 없다. 한 번만 읽어도 자신의 피가 되고 살이 되는 '성장의 양분'이 되는 독서, 자신이 바뀌고 인생이 바뀌는 독서가 필요하다. 그러기 위해서는 '읽으면 잊어버리지 않는' 독서를 하지 않으면 안 된다.

  그렇다면 구체적으로 어떻게 해야 기억에 남길 수 있을까?

  힌트는 학창시절에 했던 영단어 암기법에서 찾을 수 있다.

  우리는 중고등학교 때 영단어를 많이 외웠다. 아마 '어떻게 하면 영단어를 가장 효과적으로 외울 수 있을까?' 하고 많이 고민했을 것이다. 암기법 책에 따르면 단어를 한 번 암기했으면 다음날 암기한 단어를 잘 기억하고 있는지 확인하라고 한다. 그리고 3일째 되는 날 암기한 단어를 다시 점검한 다음, 맨 처음 암기한 날로부터 7일 후에 또다시 점검하라고 가르쳐준다. 이 단계로 암기하면 기억에 오래 남는다는 것이다. 실제로 여러 책들에서 '1, 3, 7일째에 복습한다', 혹은 맨 처음 인풋하고 나서 '일주일에 3회 아웃풋하면 기억에 남는다'고 말한다. 또한 각종 뇌 과학 연구를 통해서도 '맨 처음 인풋한 날로부터 7~10일 이내에 3~4회 아웃풋하는 것이 가장 효과적인 기억법'이라고 밝히고 있다.

인간의 뇌에는 매일매일 엄청난 양의 정보들이 입력되고 있다. 그러나 그 정보들을 모조리 기억한다면 인간의 뇌는 순식간에 과부하 상태에 빠지고 말 것이다. 그래서 우리 뇌는 입력된 정보의 대부분을 잊도록 만들어져 있다.

어제 아침부터 있었던 일을 차근차근 떠올려보자. 시간 단위로 꽤 상세하게 설명할 수 있을 것이다. 그렇다면 한 달 전 월요일의 일을 아침부터 순서대로 떠올려보자. 일정표를 보면 그 날의 주된 일들은 기억나겠지만 가령 아침, 점심, 저녁에 먹었던 음식조차 제대로 말하기가 상당히 어렵다. 이처럼 우리가 한 달 전에 있었던 일의 상세한 부분까지 기억하지 못하는 이유는 우리 뇌가 중요한 정보 외에는 잊어버리도록 되어 있기 때문이다.

뇌가 중요한 정보라고 판단하는 기준은 2가지다. '몇 번씩 이용되는 정보'와 '마음이 움직인 사건'이다. 여기서 '몇 번씩 이용되는 정보'란 '일주일에 세 번 아웃풋(출력)'되는 정보를 가리킨다.

매일 들어오는 엄청난 양의 정보들을 보존하는 영역은 뇌의 '해마'인데, 해마는 입력된 정보를 1~2주일만 가보존한다. 그리고 그 기간 중에 두세 번 입력된 정보에는 '이건 중요 정보다'라는 쪽지를 붙인다. 쪽지가 붙은 중요 정보는 '기억의 금고'라고 할 수 있는 측두엽으로 이동된다. 측두엽에 한 번 들어가면 잊기 힘든 정보가 되어 장기간 보존된다. 즉, 해마가 단기간의 기억을 맡고, 측두엽이 장기간의 기억을 맡는다. 만일 책에서 읽은 정보를 측두엽에 위치한 기억의 금고에 옮길 수만 있다면 10년이 지나도 잊어버리지 않는 기억이 되는 것이다.

기억에 남기는 4가지 아웃풋 방법

'책을 읽고 일주일에 3회 아웃풋하면 기억에 남는다.' 이것이 뇌과학에 근거한 기억의 법칙이다. 그렇다면 구체적으로 어떤 아웃풋을 하면 좋을까? 독서에 관해 내가 하고 있는 아웃풋 방법은 다음 4가지다.

① 책을 읽으면서 메모하고, 형광펜으로 밑줄을 긋는다.

② 책 내용을 다른 사람에게 이야기하고, 책을 추천한다.
③ 감상 글, 깨달음, 책 속의 명언을 페이스북이나 트위터에 공유한다.
④ 페이스북이나 메일 매거진에 서평과 리뷰를 쓴다.

이 4가지 아웃풋 방법 가운데 일주일 이내에 3가지만 실천하면 하지 않을 때보다 훨씬 더 기억에 잘 남는 것을 실감할 수 있다. 실제로 나는 서평 기사를 쓰거나 소개한 책은 읽은 지 5년, 10년이 지나도 꽤 상세한 부분까지 기억하고 있다. 이 4가지 아웃풋 방법에 대해서는 3장에서 좀 더 구체적으로 설명하겠다.

마음이 움직이면 기억에 남는다

다시 말하지만 우리는 일상적이고 평범한 일은 대부분 잊어버리지만 반복적으로 이용되는 정보나 마음이 움직인 사건은 잊기 힘들다. 여기서 '마음이 움직인 사건'이란 희로애락의 감정이 급격히 변화된 일, 갑자기 아무 생각이 떠오르지 않거나 가슴이 뛰는 등 신체적 변화를 불러일으킨 뜻밖의 사건을 의미한다.

말할 수 없이 즐거웠던 첫 해외여행, 가슴이 쿵쾅쿵쾅 뛰었던 데이트, 몇 년 간 함께 살았던 반려동물을 떠나보냈을 때의 슬픔, 교통사고가 일어났던 순간의 일 등이 그것이다. 이처럼 격한 감정의 변화가 일어난 사건은 10년, 20년이 지나도 잊지 못한다.

그렇다면 복습도 아웃풋도 하지 않았는데 격한 감정의 변화를 일으킨 사건이 강렬하게 기억되는 건 왜일까? 그것은 희로애락과 함께 기억력을 증강하는 뇌 신경전달물질이 다량으로 분비되기 때문이다. 과학적으로 기억력 향상이 확인된 뇌 신경전달물질은 아드레날린, 노르아드레날린, 도파민, 엔돌핀, 옥시토신 등이 있다.

아드레날린과 노르아드레날린은 불안이나 공포심을 느꼈을 때 분비되는 뇌 신경전달물질이다. 사고나 자연재해, 가까운 사람이나 반려동물의 죽음 등과 직면했을 때 분비된다.

외상 후 스트레스 장애(PTSD)라는 병이 있다. 과거 학대나 재해 등으로 인해 생명을 위협당할 정도의 극심한 공포와 스트레스를 느꼈던 체험을 잊지 못하고 자꾸만 그때의 기억이 생생하게 떠오르는 마음의 질병이다. 그 원인을 뇌 과학적으로 설명하면, 극심한 공포로 인해 아드레날린과 노르아드레날린이 다량으로 분비되어 과거 충격이 강렬한 기억으로 남기 때문이라 할 수 있다.

한편 '행복 호르몬' 혹은 '행복 물질'로 불리는 도파민은 가슴이 두근거릴 때 혹은 목표를 달성했을 때 분비된다. 가령 소풍 전날에 쉽게 잠들지 못하는 것은 부푼 기대감에 도파민이 분비되어 가슴이 지나치게 뛰기 때문이다. 쾌락물질 엔돌핀은 "최고!", "됐다, 해냈어!"라고 말하며 온몸으로 기쁨을 표현하고 싶거나 최상의 행복감에 둘러싸였을 때 분비된다. 가령 올림픽에 출전한 선수가 금메달이 확정된 순간 환호할 때에는 엔돌핀이 분비된다. 연애 물질 옥시토신은 애정이나 스킨십과 관련되어 분비된다. 가령 5년 전에 사귄 그 남자가 아직도 잊히지 않는 것은 옥시토신의 영향 때문이다.

이러한 뇌 신경전달물질들을 독서 중에 분비시킬 수 있다면 책 내용을 오래도록 명확히 기억할 수 있다.

나는 스즈키 고지가 쓴 호러소설 《링》을 읽었을 때 공포감으로 등골이 오싹함을 느꼈다. 그래서인지 꽤 오래 전에 읽은 책인데도 그 내용을 명확히 기억하고 있다. 그럴 때는 공포로 인해 노르아드레날린이 분비되기 때문에 내용을 오래도록 기억하고 있는 것이다. 또한 나는 무라카미 하루키의 신작을 읽을 때마다 가슴이 세차게 뛰고 행복의 극치를 맛본다. 이처럼 최고의 행복감을 느끼는 순간은 엔돌핀이 분비된다. 자신이 정말 좋아하는 작가의 책은 단 한 번만 읽어도 오래도록 세세한 부분까지 기억하는 이유는 그 때문이다.

노르아드레날린, 도파민, 엔돌핀 등의 기억력을 높이는 뇌 신경전달물질을 의식적으로 분비시킴으로써 책 내용을 선명하게 그리고 장기간 기억한다! 이것이 바로 '뇌 신경전달물질 독서법'이다. 이 방법에 대해선 다음 장에서 좀 더 구체적으로 설명하겠다.

자투리 시간을
100% 활용하는
'틈새시간 독서'

나는 틈새시간에만 한 달에 30권을 읽는다

　내가 한 달에 책을 30권 읽는다고 말하면 사람들은 "굉장하네요. 책 읽을 시간이 많으신가 봐요."라는 반응을 보이곤 한다.

　'독서를 하고 싶은데 그럴 시간이 없다'라는 것은 책을 읽지 않는 사람의 가장 흔한 변명이다.

　일본 문화청이 발표한 '국어에 관한 여론 조사' 결과에 따르면 독서량이 적은 이유 중 1위는 '일이나 공부로 바빠서 읽을 시간이 없다'가 51.3%로 과반수를 차지한다. 이 말은 반대로 '시간만 있으면 독서를 하고 싶은 사람이 아주 많다'라는 뜻도 된다.

나는 한 달에 책 30권을 전부 틈새시간에만 읽고 있다. 틈새시간의 대부분은 한 장소에서 다른 장소로 이동할 때의 시간이다. 전철을 타고 있는 시간, 전철을 기다리는 시간이 모두 이에 해당한다.

당신의 출퇴근 시간이나 하루 이동 시간을 합치면 몇 시간인가?

대다수 직장인의 평균 틈새시간은 출퇴근 시간, 이동 시간, 약속 대기 시간 등을 합쳐 평균 하루 2시간 가까이 될 것이다. 이렇게 하루 2시간씩 한 달이면 총 60시간이다. 60시간의 틈새시간을 독서에 이용한다면 아무리 책 읽는 속도가 느린 사람이라도 틈새시간에만 한 달에 무려 10권은 읽을 수 있다.

내게는 스마트폰이 없다

당신은 전철에서 주로 무엇을 하는가?

아마도 대부분 스마트폰을 만질 것이다. 메일이나 SNS 메시지 확인, 답신, 혹은 게임을 하는 경우가 많은 것 같다.

나는 전철에서 스마트폰을 보는 것이야말로 가장 큰 시간 낭비라고 생각한다. 하루에 몇 번씩 메일이나 메시지를 확인할 필요가 없을 뿐더러, 스마트폰으로 답메일을 보내는 것보다 PC로 보내는 쪽이 몇 배나 더 빠르기 때문이다. 만일 눈앞에 PC가 있다면 일부러 스마트폰으로 검색하거나 메일을 보는 사람은 많지 않을 것이다. 스마트폰으로 15분 걸려 친 장문 메일도 PC로 하면 3분 안에 칠 수 있다.

사실 나는 전철 안에서 스마트폰을 보는 일이 한 번도 없다. 왜냐하면 나는 스마트폰이 없기 때문이다. 내가 스마트폰이 없다고 하면 많은 사람들이 "당신처럼 네트워크에 밝은 사람이 스마트폰이 없다니 의외데요"라며 놀란다.

내가 스마트폰을 사지 않는 이유는 간단하다. 필요 없기 때문이다. 앞서 말한 대로 나는 틈새시간 대부분을 책 읽는 데 쓰고 있고, 전철을 기다리는 시간에도, 점심시간에 식사가 나오기를 기다리는 시간에도 책을 꺼내 읽는다. 앉을 수 있는 장소에서는 노트북을 꺼내 일을 한다. 서 있는 장소에서는 거의 독서를 하기 때문에 스마트폰을 들여다볼 시간이 없다.

많은 직장인들은 시간에 쫓기고 있다. 당신도 바쁜 하루하루를 살고 있을 것이다. 그러니 독서 시간을 매일 몇 시간씩 여유 있게 확보할 수 있는 사람은 별로 없다. 그러나 하루 24시간 중 틈새시간들을 합치면 대략 2시간 정도 된다. 하루 24시간 중 약 10%다. 즉, 인생의 1할은 틈새시간이라고 할 수 있다.

이것은 '매장된 금'과 같다. 당신이라면 캐겠는가, 말겠는가?

틈새시간을 스마트폰에 쓰느냐 독서하는 데 쓰느냐에 따라서 인생이 판가름난다. 스마트폰으로 매일 2시간씩 게임하고 문자를 주고받아도 당신의 수입은 단 10원도 늘지 않는다. 하지만 매일 2시간씩 한 달에 10권의 책을 읽는다면 당신 인생에 혁명이 일어날 것은 틀림없다. 가령 틈새시간의 절반만 책 읽는 데 써도 한 달이면 10권은 충분히 읽을 수 있다.

독서법은 곧 시간 활용법이다

직장인은 바쁘다. 일도 해야 하고, 모임에도 나가야 하고, 가족들에게 봉사도 해야 한다. 책 읽을 시간을 내기가 쉽지 않은 사람이 대부분이다. 그렇다면 책 읽을 시간은 어떻게 만들 것인가?

이는 독서 시간의 우선순위를 어디에 둘 것인가 하는 문제와 비슷하다. 메일이나 메시지 보는 시간, 술자리 모임 시간을 독서 시간보다 우선순위에 두고 있다고 해보자. 전철에서는 독서보다 메일이나 메시지를 주고받고, 매주 몇 번씩 술자리를 갖느라 책은 한 달에 한 권도 읽지 않게 된다. 만약 당신이 지금보다 많은 책을 읽고 싶다면 먼저 독서 시간의 우선순위를 찬찬히 따져보아야 한다. 독서 시간보다 우선순위가 낮은 시간을 쪼개서 책 읽는 데 쓰면 된다.

<u>책을 많이 읽는 사람은 시간 관리를 잘하는 사람이다. 독서법이란 곧 시간 활용법이라 해도 과언이 아니다.</u>

외출 전에 읽을 책을 정하면 하루 한 권은 읽을 수 있다

'틈새시간에 책을 읽자!'라고 마음먹었어도 당장은 실천하기 어려운 사람이 대부분일 것이다.

한 달 동안 틈새시간에 책을 읽는다면 대략 몇 권이 될까?

내가 틈새시간에 하루 한 권을 읽는 데는 작은 골자가 있다. 외출하기 전에 '오늘은 집에 올 때까지 이 책을 다 읽어야지!'라고 결정하는 것이다. 즉 목표를 설정하는 것이다. 오늘 하루 완독할 책을 정한 후 그 책을 가방에 넣고 목표를 되도록 지킨다. 가방에 넣은 책은 어떻게든 그 날 하루에 다 읽을 수 있도록 노력하는 것이다. 앞서 말했듯이 목표만 설정해도 기억강화물질인 도파민이 분비되기 때문에 막연하게 읽는 것보다 기억에 잘 남는다.

또 '오늘 이 책을 다 읽어야지!'라고 목표를 설정하고 제한 시간을 두면 긴박감으로 인해 집중력이 높아지는 동시에 기억과 관계된 뇌 신경전달물질인 노르아드레날린이 분비되어 책 내용이 기억에 잘 남는다. 만약 다 읽지 못하면 내일도 그 책을 가지고 다녀야 한다. 8, 90% 이상 읽은 책을 나머지 10%를 읽기 위해 하루 종일 들고 다니는 것은 노력 낭비다.

처음부터 하루 한 권은 벽이 높으므로 처음에는 '3일에 한 권'을 목표로 삼자. 그리고 마음속으로 선언하자. '이 책을 오늘부터 3일 안에 읽겠다!'라고. 3일에 한 권씩 읽으면 한 달이면 10권은 너끈히 읽을 수 있다.

속독보다 심독에 집중하는
'깊이 있는 독서'

'토론할 수 있는 수준'으로 읽어라

　모임이나 간담회에 가면 "이번에 내신 신간 잘 읽었습니다"라며 명함을 건네는 사람이 많다. 필자로서 정말 기쁜 일이다. 그래서 "신간의 어느 부분이 좋았습니까?", "어느 챕터가 재미있던가요?"라고 감상평을 물어보면 대부분 바로 입을 다물어버린다. 그런 사람을 볼 때면 '책을 정말 읽은 걸까?'라는 생각이 든다. 좀 더 심하게 말하면, '그래가지고 정말 책을 읽었다고 할 수 있을까? 그저 눈으로 글자만 본 건 아닐까?'라는 생각마저 든다.

내가 생각하는 '책을 읽었다'라는 말의 정의는 '내용을 설명할 수 있다', 그리고 '내용에 대해 토론할 수 있다'라는 뜻이다. 감상평을 할 수 없고 자신의 의견을 펼칠 수 없다면 책을 읽은 의미가 없다.

토론이라고 해서 어렵게 생각할 필요 없다. 어떤 모임에서 읽은 책으로 함께 10~20분간 이야기할 수 있다면 그 자체가 토론이다.

감상이나 의견을 논할 수 없다는 것은 아웃풋할 수 없다는 의미다. 나아가 아웃풋할 수 없다는 것은 독서가 자신에게 영향을 미치지 않았다는 의미다. 그런 독서법으로 100권의 책을 읽은들 그 어떤 성장도 기대할 수 없다. 책을 읽는 이상 내용을 설명할 수 있고, 내용에 대해 토론할 수 있는 수준을 전제로 읽지 않으면 안 된다.

내용을 기억하지 않으면 속독해도 의미 없다

내가 틈새시간에만 한 달에 30권 가량 책을 읽는다고 하면 "속독하십니까?"라는 질문이 반드시 나온다. 하지만 나는 속독법을 결코 배운 적이 없다. 딱히 속독하려는 의식도 없지만, 많은 책을 읽다 보면 자연스럽게 읽는 속도가 빨라진다. 보통의 자기계발 서적이라면 읽는 데 1~2시간, 책에 따라서는 30분도 채 걸리지 않는다.

독서에서 읽는 속도는 별 의미 없다. 30분에 한 권을 읽었다 한들 내용을 설명할 수 없거나 그 책에 대해 이야기 나눌 수 없다면 책 읽은 의미가 없다. 기억에도 남지 않고, 성장하지도 못한다면 돈 낭비,

시간 낭비일 뿐이다.

읽은 셈 치자는 식의 자기만족 독서로 그치는 사람이 많다. 특히 속독한다는 사람일수록 그런 경향이 많다. 최소한 내용을 기억하고 있고 내용에 대해 토론할 수 있는 '독서의 질'을 담보할 수 없다면 아무리 빨리 읽어도 의미가 없는 것이다.

물론 내용을 기억하고 토론할 수준의 읽기라면 2시간보다 1시간, 1시간보다 30분에 한 권 읽는 쪽이 더 좋은 건 당연하다.

당신이 맨 처음 목표로 삼아야 할 것은 '독서의 질'이지 '독서 속도'가 아니다. 독서 속도에 구애받지 말고 책 내용을 설명할 수 있고 이야기 나눌 수 있을 정도로, 그 한 권의 책에서 깨달음을 얻어갈 수 있도록, 독서의 질에 초점을 맞춰 읽어라. 먼저 독서의 질을 충분히 높이고 난 다음 보다 빠른 독서를 목표로 삼아야 한다. 독서의 질을 확보한 후에 다독해 나가면 독서 속도는 자연스럽게 빨라진다.

속독이 아닌 '심독'을 지향하라

정독(精讀)의 사전적 의미는 '뜻을 조사하여 자세히 읽음'이다. 그러나 정독은 '깊이 있는 읽기'라는 의미보다는 단지 속독의 반대 개념으로서 '천천히 읽는다'는 의미로 주로 쓰인다. 30분 동안에 읽으면 '속독'이고, 5시간에 걸쳐서 읽으면 '정독'이라는 것이 일반적인 인식이다. 정독으로 5시간 동안 읽는다 해도 토론할 수준에 도달한 사람도 있고 도달하지 못하는 사람도 있다.

한편 30분이면 자기계발 서적 한 권을 속독으로 읽을 수 있는 사람이 많을 것이다. 하지만 대부분 토론할 정도로 깊이 있게 이해하지는 못했을 것이다.

책에서 배움과 깨달음을 얻고 토론할 수준으로까지 내용을 완벽히 이해하는 깊이 있는 독서, 즉 책을 깊게 이해하는 독서법에 나는 '심독(深讀)'이라는 말을 쓸 것을 제안한다. 애써 책을 읽는다면 그것이 자신의 피가 되고 살이 되도록 읽어야 한다. 성장의 양식이 되지 않는 얕은 독서법은 무의미하다.

속독으로 10권을 읽었으나 한 권도 '심독'하지 못한 독서와 천천히 한 권만 읽었으나 그 한 권을 '심독'하는 독서.

어느 쪽이 자기성장으로 이어질까?

한편 제대로 심독할 수만 있다면 5시간에 걸쳐 읽은 것보다 2시간 동안 읽은 쪽이 더 낫고 1시간에 읽었다면 더욱더 좋다.

<u>심독은 독서의 필수조건이다. 심독이 가능해진 후 보다 빨리, 보다 많이 읽는 속독과 다독을 목표로 삼아라.</u> 심독할 수 없고 천천히 읽어도 토론할 정도로 읽지 못한다면, 속독 강의를 듣고 독서 속도를 높였다 해도 독서의 깊이가 얕다면 아무 소용없다.

심독을 할 수 있으려면 어느 정도 많은 책을 읽어야 하고 반드시 아웃풋해야 한다. 인풋과 아웃풋의 반복으로 심독할 수 있게 된다면 그때는 이미 상당히 빠른 속도로 책을 읽을 수 있게 될 것이다.

제3장

'읽으면 잊어버리지 않는' 독서법 키워드

내가 알고 싶은 것은 모두 책에 있다.
내가 읽지 않은 책을 찾아주는 사람이
바로 나의 가장 좋은 친구이다.
- 에이브러햄 링컨

읽으면 잊어버리지 않는 독서법의 키워드는 '아웃풋'과 '틈새시간'이다.

이 2가지만 의식하면 10년이 지나도 절대 잊어버리지 않는

기억에 남는 독서를 할 수 있다.

아웃풋 독서법

밑줄 그으면서 기억하는
'형광펜 독서법'

책은 지저분하게 읽어도 된다

어느 날 아내가 오래간만에 무라카미 하루키의 《노르웨이의 숲》을 읽고 싶다고 해서 빌려준 적이 있었다.

몇 분 뒤 아내가 내게 이렇게 말했다.

"이 책 왜 이래요? 낙서투성이라 읽을 수가 없잖아요."

나는 책을 읽을 때는 형광펜으로 줄을 긋고 메모도 하면서 읽는다. 자기계발 책뿐만 아니라 소설도 마찬가지다. 소설에서 얻은 영감이나 깨달음도 여백에 메모해둔다. 내겐 소설을 읽는 것 자체가 목적이 아니라 소설을 읽고서 '어떻게 느끼는가', 그리고 '어떻게 변화되는가'가 더 중요하다. 그러니 내가 얻은 영감이나 깨달음을 계속해서 책 여백에 써넣을 수밖에 없다. 무라카미 하루키 작품에서는 유독 깨달음을 많이 얻기 때문에 써넣을 메모도 많다. 특히 《노르웨이의 숲》은 내가 정말 좋아하는 작품이라서 메모한 부분이 많다. 다른 사람이 읽기에는 불편할 만도 하다.

책을 다루는 방식에서 그 사람의 개성이 드러난다. 겉표지를 절대 벗기지 않거나 종이를 접지 않고 '깨끗이 읽는 사람', 혹은 메모를 하거나 밑줄을 긋거나 페이지를 접어두거나 접착 메모지를 붙이는 등 '더럽게 읽는 사람'이 있다. 당신도 이미 느꼈다시피 나는 더럽게 읽는 편이다. 당신은 어느 쪽인가?

그렇다면 책은 깨끗이 읽어야 할까, 더럽게 읽어야 할까?

1장에서 책을 읽은 뒤에도 변화하거나 성장하지 못한다면 읽는 의미가 없다고 말한 바 있다. 책을 소유하는 것만으로 기쁘다면 그것은 자기만족일 뿐이다. 책을 통해 자신을 변화시키고 성장시킬 수 있을 때 책의 가치는 최대로 높아진다.

아웃풋하면서 읽는 것과 눈으로만 읽는 것 중 아웃풋하면서 독서하는 쪽이 기억에 훨씬 잘 남는다는 것은 두말할 필요도 없다. 기억에 남김으로써 변화와 성장속도를 높일 수 있다. 그리고 <u>기억에 남기고 성장을 최대로 높이기 위해서는 더럽게 읽을 수밖에 없다.</u>

당신은 예전에 영단어를 암기할 때 어떤 방법을 사용했는가?

나는 중요한 단어가 나오면 형광펜으로 밑줄을 그어 표시했다. 여백에는 그 단어에 대한 부가 설명과 사용법을 써넣었고, 연습장에 단어 스펠링을 10번, 20번씩 반복해서 썼다. 그리고 같은 단어를 몇 번이고 반복해서 소리 내어 발음했다. 당신도 나처럼 영단어를 암기할 때 눈으로만 보지 않고 펜으로 쓰거나 소리 내어 발음하는 등 운동신경을 총동원하고 뇌 전체를 활용해 외웠을 것이다.

중고등학교 시절을 떠올려보자. 교과서나 참고서에 밑줄도 긋지 않고 메모도 하지 않은 채 방금 산 것처럼 깨끗한 상태로 그 내용을 암기할 수 있었나? 분명히 불가능했을 것이다.

기억에 남기기 위해서는 시험공부 때와 똑같이 책에 밑줄을 치거나 메모를 하는 편이 훨씬 더 유리하다.

아웃풋할 때 빠뜨릴 수 없는 2가지 도구

책을 읽을 때 필요한 도구는 2가지뿐이다. 바로 형광펜과 볼펜이다. 나는 책을 읽으면서 감명받은 구절이나 깨달음을 얻은 구절이 나오면 주저 없이 형광펜으로 줄을 긋는다. 그리고 깨달은 점이나 의문점이 생기면 책 여백에다 볼펜으로 거침없이 써나간다. 접착 메모지도 늘 가지고 다니기 때문에 필요할 때 언제든 메모지를 붙인다. 혼잡한 만원 전철에서는 형광펜이나 볼펜을 이용하기 힘들기 때문에 줄을 긋고 싶은 구절이 있으면 페이지 모서리를 접어둔 후 나중에 줄을 긋거나 메모하기도 한다. 책이 마치 중고등학교 때 교과서처럼 밑줄 표시와 메모로 꽉 채워지면 내게 깨달음을 많이 주었다는 징표다. 반대로 한두 곳밖에 줄을 긋지 않은 책은 그 내용이 얄팍한 것이다.

밑줄을 그으면 왜 기억에 잘 남을까?

'읽으면 잊어버리지 않는' 독서법의 기본 원칙에서 '일주일에 세 번 아웃풋하기'가 있었다. 그 첫 단계가 책을 읽으면서(인풋) 형광펜으로 줄을 긋는(아웃풋) 작업이다.

'형광펜으로 줄긋기라니, 과연 그렇게 간단한 방법으로 아웃풋이 될까?'라고 의문을 품는 사람도 있을 것이다. 하지만 뇌 과학적으로 밑줄 긋기는 틀림없이 뇌를 활성화한다. 글자를 읽을 때 사용되는 뇌 부위와 펜을 잡고 줄 그을 때 사용되는 뇌 부위가 전혀 다르기 때문이다. 글자를 쓸 때도 다른 뇌 부위가 사용된다. 결과적으로 <u>밑줄을 치거나 메모를 적으면 뇌의 여러 부위를 사용함으로써 뇌가 활성화된다.</u>

뇌 트레이닝으로 유명한 도호쿠대학교의 가와시마 류타 교수는 음독이 뇌 활성화는 물론 치매 예방에도 효과적이라고 말한다. 인간의 뇌는 읽기, 생각하기, 쓰기, 말하기를 전부 다른 뇌 부위에서 실행한다. 우리는 책을 읽으면서 생각하고 의견을 말하기까지 이 모든 작업을 순식간에 처리하는 능력을 가지고 있다. 이러한 작업은 각기 다른 뇌 부위가 함께 연계해서 처리하는데, 뇌는 우리가 이처럼 공동 작업을 할 때 더 활발하게 움직인다. 그러므로 책을 읽을 때 펜으로 줄을 그으면서 소리 내어 읽으면 책 내용이 훨씬 더 기억에 잘 남는다.

정말 중요하다고 생각되면 밑줄을 그어라

그렇다면 어디에 어떤 식으로 줄을 그어야 할까?

나는 깨달음을 얻은 부분에 줄을 긋는다. 여기서 내가 생각하는 '깨달음'이란 '아하, 그렇구나!'라고 몰랐던 사실을 새롭게 발견하는 느낌, 깜깜했던 시야가 갑자기 열리는 느낌을 말한다. 달리 '배움'이라 해도 좋다.

중요한 부분이라도 자신이 익히 아는 사실이거나 당연한 일은 줄을 긋지 않아도 된다. 형광펜으로 줄을 긋는 목적은 자기성장을 위해서다. 자신을 성장시킬 수 있는 깨달음과 성장에 도움되는 말이 있으면 주저 없이 밑줄을 그어나가라. 그렇다고 책에 몇십 줄씩 빼곡히 그을 필요는 없다. 표시한 줄이 너무 많으면 어디가 정말 중요한지 알 수 없어 중요도가 분산되고 옅어진다.

아웃풋 독서법

책의 장점을 소개하는 '홈쇼핑 독서법'

읽은 책을 이야기하고 추천하라

가장 간단한 아웃풋 독서법은 '남에게 이야기하는 것'이다.

평상시 사람들과 대화할 때 "최근에 재미있는 책을 읽었어", "어제 읽은 책 재미있더라" 하는 식으로 슬쩍 화제 삼아 보라.

'다른 사람에게 자신이 읽은 책에 대해 이야기한다.' 이것만 의식해도 읽은 책 내용을 다시금 떠올리기 때문에 복습 효과를 얻을 수 있다. 친구와 잡담할 때 자신이 읽은 책을 추천한다거나 업무에 유익한 자기계발 책을 부하직원이나 동료에게 추천하는 것도 좋다. 또 사람들 앞에 설 기회가 있을 때, 가령 아침 회의나 스피치, 프레젠테이션, 강연 도중에 책을 소개하는 것도 좋다.

이때 '재미있다', '도움이 되었다'라는 추상적인 어휘보다는 구체적으로 어느 부분이 유익했는지 책의 핵심을 간추려서 전하는 것이 중요하다. 자신이 깨달음을 얻은 부분, 형광펜으로 줄 그은 부분 등을 소개하면 서로 깨달음을 공감하게 되고, 상대방은 책을 직접 읽지 않아도 당신의 이야기를 듣는 것만으로 도움을 얻게 된다.

다른 사람에게 책을 권하려면 일단 책 내용을 떠올려서 그것을 머릿속으로 정리해야만 하기 때문에 아웃풋 효과가 매우 높다.

사람들에게 어떤 상품을 권한다고 했을 때 가장 쉽게 떠오르는 장면이 TV 홈쇼핑이다. 이런 프로그램을 보면 상품의 장점을 다양하게 제시하는 쇼핑호스트의 세일즈 화법을 엿볼 수 있다. 예컨대 자동청소기를 판매할 때는 '흡인력이 강하다', '바닥 구석구석까지 먼지를 잡아낸다', '가동 시간이 길다', '전기료가 거의 안 든다', '인공지능을 탑재했다'라는 식으로 5개 이상의 서로 다른 장점을 제시하며 권하기 때문에 설득력이 느껴지고 귀가 솔깃해져서 나도 모르게 사고 싶어진다.

이와 마찬가지로 다른 사람에게 책을 권할 때도 마치 TV 홈쇼핑의 쇼핑호스트처럼 읽은 책의 여러 가지 장점을 소개해보자.

사람들에게 다양한 장점을 소개하려면 다양한 시점에서 읽을 필요가 있다. 그 결과 책을 깊이 있게 읽는 능력도 길러진다. 또한 한 사람만이 아니라 여러 명에게 그것도 두세 번은 책에 대해서 소개해보라. 그것만으로 '일주일에 3회 아웃풋하기'가 달성된다. 아울러 좋은 책을 소개하는 기쁨도 얻을 수 있다. 남을 즐겁게 하면서 책 내용을 암기하고 자신의 것으로 만들어나가는 일석이조의 이득을 얻게 된다.

아웃풋 독서법

SNS와 독서의 완벽한 결합, '소셜 독서법'

책을 읽고 감상을 공유하라

나는 책을 읽으면 그날이나 그다음 날 페이스북에 감상 글을 올린다. 10줄이 넘는 장문의 감상문을 투고할 때도 있지만, 두세 줄만 간단히 쓰기도 한다. 그 정도만 해도 안 하는 것보다 책 내용이 몇 배나 더 기억에 잘 남는다. <u>단 몇 줄만 쓰려 해도 책 내용을 다시 떠올려야 하기 때문에 기억이 복습되며, 세 번의 아웃풋 가운데 여기서 한 번의 아웃풋이 완료된다.</u>

SNS에 감상문을 쓴다는 것은 당신의 체험을 사람들과 공유하는 일이다. 자기만 보는 수첩이나 노트에 쓰는 것과 제삼자에게 보여주는 것을 전제로 한 공유에는 큰 차이가 있다.

제삼자에게 보여주기 위한 공유는 대충 쓸 수가 없다. 나름대로 긴장감이 수반되어 책 내용을 떠올릴 때도 작성할 때도 신중하고 진지해질 수밖에 없다. 더군다나 SNS에 투고하면 거기에 대한 댓글이 반드시 달린다. "재미있을 것 같아요", "좋은 책 소개해주셔서 정말 고맙습니다", "저도 바로 책 샀어요"…… 이처럼 자신이 쓴 감상문과 추천 글이 제삼자의 행동에 영향을 미치고 감사 인사까지 받는다는 것은 너무도 즐거운 일이다.

인간은 재미있고 즐거워야 오래 지속할 수 있다. 즐겁기 때문에 '또 책을 읽고 감상문을 써야겠다!'라고 생각하게 되고, 독서에 대한 동기 부여가 높아진다. 그리고 즐기는 사이 어느새 독서력이 생기고 갈수록 더 많은 책을 읽을 수 있게 된다.

문장력에 자신 없다면 책 속의 명언을 인용하라

독서량이 적은 사람은 '감상문을 쓰라고? 학교 다닐 때도 싫어했던 건데, 나에겐 무리야'라고 생각할지 모른다.

처음에는 단 몇 줄만 써도 되지만 그마저도 어렵다면 책에서 감명받았던 명언 한두 구절을 인용한 다음 거기에 자기의 의견을 짧게 덧붙여 소개하면 된다. 이른바 '명언 투고'다.

이 정도라면 문장력에 자신 없는 사람도 독서나 책 소개가 서투른 사람도 얼마든지 가능할 것이다. 이러한 명언 투고는 페이스북의 성향과도 아주 잘 맞아서 엄청난 숫자의 '좋아요!'가 모인다. 심지어 15분 동안 쓴 감상문보다 3분 만에 쓴 한 줄의 명언이 몇 배나 더 많은 숫자의 '좋아요!'가 모이는 경우도 있다.

자신이 페이스북에 올린 명언이 뉴스 피드(news feed)로 퍼져나가고 타임라인(timeline)에도 표시되기 때문에 자신이 쓴 글을 스스로도 두세 번씩 보게 될 때가 있다. 복습 효과는 물론 오래 기억되는 효과가 탁월하다.

책을 읽고 나면 소셜미디어에 감상문이나 명언을 투고하라. SNS와 독서의 완벽한 결합인 소셜 독서법은 많은 수의 '좋아요!'가 모이고 댓글이 달릴수록 점점 더 상당한 재미를 실감하게 될 것이다.

아웃풋 독서법

글쓰기 능력을 높여주는 '리뷰 쓰기 독서법'

특별히 추천하고 싶은 책은 서평을 써본다

    소셜미디어에 독서 감상문이나 한두 줄의 책 속 명언을 투고해서 재미를 붙이다 보면 그것만으로는 조금 부족한 감이 드는 시점이 온다. 이제는 책을 좀 더 심도 있게 소개하고 싶은 것이다. 이때부터는 단순한 '감상'이 아니라 상세한 '서평' 혹은 '리뷰'가 된다.

    나는 전문 서평가가 아니라서 책 전체 서평을 쓰지는 않지만 마음에 들었던 책, 특별히 추천하고 싶은 책은 서평이나 리뷰를 신경 써서 쓰고 있다.

리뷰는 책을 읽고 난 다음 날 이후에 쓴다

나는 책을 읽으면 그날이나 다음 날에는 페이스북에 간단한 감상을 쓴다. 그것을 토대로 일주일 이내에 메일 매거진과 페이스북에 상세한 서평과 리뷰 기사를 쓰고 있다.

리뷰를 쓰는 것이 중요한 이유는 책 내용이 기억으로서 단단히 새겨지기 때문이다. 다른 사람에게 전달함으로써 자신의 깨달음도 다시 한 번 정리되기 때문에 그 깨달음을 확실하게 자기 것으로 만들 수 있다.

다만 여기서 주의할 점이 하나 있다. 감상은 당일에 써도 좋지만 제대로 된 리뷰는 책을 읽은 당일에는 쓰지 않는다.

그렇다면 리뷰는 왜 당일이 아닌 다음 날 이후에 써야 할까?

나는 영화를 자주 보는데 영화를 보고 나서도 리뷰나 기사를 쓰려고 노력한다. 하지만 당일에는 올리지 않는다. 영화를 다 본 당일에 감상을 올리면 아직 흥분이 가라앉지 않은 상태라서 '재미있었다!', '감동했다!', '울었다!' 같은 감정언어밖에 나오지 않기 때문이다. 마치 초등학생 감상문처럼 되어버려 객관적이고 냉정한 평가가 나오지 않는다.

물론 이와 같이 흥분했을 때 흥분한 '현재 감정'을 전달하고 공유하는 소셜미디어 사용법도 있다. 그러나 영화를 보거나 책을 읽은 직후에 감상을 공유하면 대체적으로 감정이 앞서서 객관적인 문장을 쓸 수 없기 때문에 사람들에게 별 도움이 되지 않는다.

그런데 신기하게도 하룻밤 자고 나서 써놓은 글을 보면 냉정하고 논리적인 문장으로 바뀐다. 리뷰란 자신의 것이기도 하지만 타인에게 전달하는 것을 전제로 쓰기 때문에 객관성과 논리성이 필요하다.

현재의 감정을 고스란히 전달하는 감상평 수준의 글이면 당일에 써도 좋지만, 다른 사람에게 도움되는 객관적인 리뷰는 감정을 정리하기 위해 하루 이틀 지난 다음에 쓰는 편이 좋다. 또한 기억의 법칙을 감안해도 당일보다 며칠 간격을 두는 것이 높은 복습 효과를 얻을 수 있고 기억에 더 오래 남게 된다.

아웃풋 독서법

책 속 정보를 모두 짜내는 '생자몽 칵테일 독서법'

독서의 압착 실력을 높여라

뜬금없는 말이지만 나는 칵테일바에 가면 생자몽 칵테일을 즐겨 마신다. 절반으로 자른 자몽을 꽉 짜서 그 즙을 칵테일 잔에 넣어 마시는데, 한 번 짠 자몽도 다시 힘껏 짜보면 더 많은 즙이 나올 때가 있다. 한 개의 자몽에서 되도록 많은 즙을 짤수록 이득인 셈이다.

사실 정보를 얻는다는 것은 자몽즙을 짜는 것과 흡사하다. 책에서 가급적 많은 정보를 짜낼 수 있는 실력만 높일 수 있다면 한 권의 책에서 몇 배의 지식과 깨달음을 얻을 수 있다. 다시 말해 <u>압착 실력을 높이면 똑같은 책을 똑같은 시간 동안 읽어도 인풋량을 두 배로</u>

늘릴 수 있다.

'속독하고 싶다', '책을 많이 읽고 싶다', 즉 독서의 '양'을 늘리고 싶다는 사람은 많다. 그러나 독서의 '질'을 높이고 싶다는 말은 별로 들을 수 없다. 하지만 독서에서 중요한 것은 양보다 질이다. 한 권의 책을 얼마나 빨리 읽는가를 겨루는 건 의미가 없다. 한 권의 책에서 얼마나 많은 것을 배우느냐가 더 중요하다.

책 읽는 속도를 지금보다 두 배로 늘린다는 것은 쉽지 않다. 읽는 속도가 이미 어느 정도 빠른 사람일수록 더욱 그렇다. 그러나 독서 압착 실력은 쉽게 두 배로 늘릴 수 있다. 아직은 압착 실력이 미숙한 사람이 대부분이기 때문이다.

그렇다면 압착 실력을 향상시키려면 어떻게 해야 할까?

방법은 아웃풋을 전제로 인풋하는 것이다. 책을 읽고 나면 정보를 반드시 어떤 방식으로든 아웃풋하기로 결정하자. 가령 책을 읽으면 한두 줄의 감상 글이든 서평이든 좋으니 반드시 소셜미디어에 기사를 쓰기로 결정한다. 기사를 쓰기 위해서는 그 책에서 어떤 배움이나 깨달음을 얻지 않으면 안 된다. 자신에게 도움이 된 점, 그리고 독자에게도 유익한 점을 발견해야만 한다.

스스로 '아웃풋하지 않으면 안 된다'는 가벼운 압박감을 주면서 책을 읽으면 신기하게도 지금까지 발견하지 못했던 사실을 많이 깨닫게 된다. 그리고 깨달음을 얻었을 때는 재빨리 메모하는 것도 중요하다.

  책을 읽고 나면 거기에서 SNS에 투고할 수 있는 하나의 콘텐츠(기사)를 반드시 만든다. 이미 이 작업을 하고 있는 사람이라면 한 권의 책에서 2개의 콘텐츠를 만드는 연습을 하자. 말하자면 한 권의 책에서 2회분의 기사를 쓰는 것이다. 그러기 위해서는 하나의 깨달음으로는 부족하기 때문에 깨달음을 2가지는 얻어야 한다.

  점차 무게를 늘려서 근력을 강화하는 근육운동처럼 아웃풋의 무게를 늘리면 압착 실력도 비약적으로 높아진다.

틈새시간 독서법

집중력을 배가시키는 '울트라맨 독서법'

제한 시간을 정해 집중력을 올려라

　책 한 권을 앉은 자리에서 다 읽는 것보다 잠깐의 틈새시간을 이용해 나눠서 읽으면 훨씬 더 기억에 잘 남는다. 그 이유는 무엇일까?
　우리에게 애니메이션 영화 시리즈의 주인공으로 유명한 '울트라맨'을 한 예로 들어보겠다.
　울트라맨이 지구에서 싸울 수 있는 시간은 3분이다. 에너지가 적어지면 가슴의 컬러 타이머가 깜박이며 경고음이 울린다. 초능력을 발휘하기엔 턱없이 부족한 시간인지 모른다. 그러나 3분이라는 활동 제한 시간이 바로 울트라맨이 강한 힘을 발휘할 수 있는 비결이

기도 하다.

　이처럼 우리는 어떤 일을 할 때 제한 시간을 정하면 집중력이 올라가고 뇌 기능이 활발하게 작동한다. 가령 전철에서 책을 읽을 때 '환승할 때까지 15분 안에 1장(chapter)을 다 읽어야지!' 하고 목표를 정한다고 하자. 이렇게 하면 막연히 읽는 것보다 높은 집중력을 발휘할 수 있다.

　또한 아슬아슬하게 달성할 수 있는 적당한 난이도의 과제에 도전했을 때 도파민은 더 많이 분비되고 집중력이 훨씬 높아짐과 동시에 기억력도 향상된다.

　전철을 타면 필연적으로 하차 시간도 정해진다. 때문에 전철 안에서 책을 읽으면 자연스럽게 제한 시간이 정해진 '울트라맨 독서법'을 활용하게 되어 집중력과 기억력이 향상되는 효율적인 독서를 할 수 있다.

틈새시간 독서법

투혼의 의지를 활용하는 '5분·5분 독서법'

60분 독서 vs 15분씩 독서, 무엇이 효율적일까?

한 번에 60분씩 독서를 하는 것과 틈새시간 15분씩 4회로 나눠 독서를 하는 경우 어느 쪽이 더 효율적일까?

어떤 일을 할 때 집중력은 처음과 마지막에 특히 강해진다고 한다. 심리학에서는 이 현상을 각각 '초두 노력(初頭努力, initial spurt)'과 '종말 노력(終末努力, terminal spurt)'이라고 부른다. 쉽게 말하면 시작할 때 '자, 시작해보자!'라는 마음으로 의지를 불태우는 '최초의 분발'과, 목적지가 보였을 때 '조금만 더 힘내자!'라고 막판에 힘을 내는 '최후의 분발'이다.

단어가 쓰인 카드를 연속해서 제시하며 기억시키는 심리실험이 있다. 피실험자에게 몇 장의 카드를 연속해서 보여준다. 그리고 잠시 후 카드에 쓰인 단어를 얼마나 기억하고 있는지를 테스트해보았더니 맨 처음과 맨 마지막 쪽에 제시한 카드의 정답률이 높고, 중간 카드에 대한 정답률은 낮은 결과가 나왔다. 최초와 최후는 집중력뿐 아니라 기억력도 높아진다는 뜻이다.

마찬가지로 15분간 책을 읽으면 초두 노력으로 5분, 종말 노력으로 5분, 합계 10분의 높은 기억력 상태에서 독서가 가능해진다. 이것을 4회 반복하면 60분 중 40분까지가 기억력이 높은 상태에서의 독서 시간이 된다. 한편 60분 연속으로 독서를 하면 기억력이 높은 시간대가 초두 노력으로 5분, 종말 노력으로 5분, 총 10분밖에 되지 않는다.

물론 방해 요소가 전혀 없는 집중하기 좋은 환경에서 책을 읽는다면 60분의 연속 독서도 높은 집중력을 유지하고 발휘할 수 있다. 하지만 '15분 정도씩 틈새시간 독서'만 반복해도 긴 시간 동안 연속해서 읽는 것보다 더 높은 효과를 얻을 수 있다.

틈새시간 독서법

집중 시간대를 활용하는 '15 · 45 · 90법칙 독서법'

인간이 집중할 수 있는 시간 단위는?

　인간의 집중력에는 한계가 있다. 몇 시간씩 집중할 수 있는 것은 훈련된 운동선수나 프로 바둑 기사여도 어려운 일이다.

　반대로 누구나 집중하기 쉬운 시간 단위가 있다.

　그것은 15분, 45분, 90분이다. 나는 이것을 합쳐서 '15 · 45 · 90법칙'이라고 부르고 있다.

　높은 집중력이 유지되는 한계가 15분.

　보통의 집중력이 유지되는 한계가 45분.

　45분 사이에 잠깐 휴식을 취하면 90분의 집중도 가능하다. 중학교

수업 시간이 45분이고, TV드라마도 대략 45분이다. 대학 강의는 대략 90분이며, 2시간짜리 드라마도 광고 시간을 빼면 실질적으로 90분 정도다. 축구는 전후반 각 45분씩 90분으로 시합이 이뤄진다. 90분이 넘어가는 추가시간에 실수가 많이 발생하고 득점이 잘 되는 이유는 90분이라는 인간의 집중 시간이 그 한계를 넘어서기 때문이다.

인간의 몸에는 약 90분 주기로 졸음과 각성이 교대로 찾아오는 '울트라디안 리듬(ultradian rhythm)'이 새겨져 있다. 수면 사이클이 90분이라는 것도 같은 이유다.

45분과 90분에 관한 흥미로운 이야기는 아직 더 있지만 틈새시간 독서법에서 중요한 시간 단위는 '15분'이라는 점을 기억해두자.

집중력 최대 시간 '15분'을 잘 활용하라

인간이 고도의 집중력을 유지할 수 있는 한계는 15분이다.

고도의 집중력을 요구하는 직업인 동시통역사를 한 예로 들어보자. 그들 세계에서도 집중력 유지는 15분이 한계라고 한다. TV 생중계가 동시통역으로 방송되는 경우가 있는데, 프로그램 도중인데도 통역사가 남성에서 여성으로 바뀌어서 '어? 뭐지?'하고 생각되는 때가 있다. 이는 집중력 지속 시간 때문에 중간에 통역사를 바꿀 수밖에 없어서 벌어진 상황이다.

결론을 말하면 15분이라는 시간은 뇌 과학적으로 봐도 초집중해서 일할 수 있는 시간 단위인 셈이다. 예를 들어, 틈새시간 5분 동안 책을 10페이지 정도 읽을 수 있다고 치자. 그 5분의 틈새시간이 3회면 30페이지를 읽을 수 있다. 하지만 15분간 연속해서 읽으면 30페이지가 아니라 40페이지는 읽을 수 있다.

하루 중에 15분을 넘는 틈새시간을 세보면 대략 8회 정도는 될 것이다. 이 15분 동안에 책을 읽을 것인가, 스마트폰을 만지작거릴 것인가로 인생이 달라진다.

그래도 스마트폰을 보고 싶다면 5분 이하의 초틈새시간을 이용하면 된다. 가령 전철을 기다리는 시간 같은 경우다. 이때 책을 펼쳐 읽어도 집중을 시작할 즈음 되면 전철이 도착해서 집중력이 끊겨버린다. 독서를 하기엔 다소 어중간한 시간이다. 전철을 기다리는 사이 스마트폰을 보고 나서 전철을 타면 15분간 독서를 할 수 있다. 이것이 집중력을 최대로 높일 수 있는 뇌 과학적 시간 활용법이다.

틈새시간 독서법

자는 동안 뇌에 새기는
'숙면 독서법'

자기 전 독서는 기억에 남는다!

틈새시간 외에 독서를 하고자 한다면 '잠자기 전' 시간대를 추천한다. 자기 전에 책을 읽으면 기억력이 최대치로 높아질 뿐만 아니라 쉽게 잠들 수 있기 때문이다.

마찬가지로 자기 전에 공부하면 머릿속에 잘 남는다. 자는 동안에는 새로운 정보가 입력되지 않기 때문에 기억의 충돌 없이 머릿속이 정리되기 때문이다. 수험생을 위한 기억법 관련 책들에도 '어려운 암기일수록 잠자기 전에 외우는 것이 효과적'이라고 쓰여 있다.

영국 서섹스대학의 연구에 따르면 독서를 시작하고 약 6분이 지나자 피실험자들의 심박수가 안정되고 근육 긴장도 풀렸다고 한다. 음악 감상이나 그 밖의 긴장 완화법과 비교해도 독서가 가장 높은 긴장 완화 효과를 준다고 보고되어 있다.

<u>만약 잠이 잘 안 와서 고민이라면 취침 전 독서를 통해 몸과 마음의 긴장을 풀어주도록 하라.</u> 쉽게 잠들 수 있을 것이다. 다만 전자책 리더기나 태블릿처럼 빛이 반사되는 화면을 보는 독서법은 불면증의 원인이 된다. 잠들 수 있는 시간을 늦추고, 수면의 질을 떨어뜨린다고 한다. 가슴이 조마조마하고 두근거리는 흥미진진한 오락소설이나 등골이 오싹해지는 호러소설 등 희로애락을 지나치게 자극하는 책 또한 수면을 방해하기 때문에 권하고 싶지 않다.

한편 잠들기 전에 어떤 문제를 생각한 뒤 '아침에 눈 뜨면 해결책이 떠오를 거야!'라고 간절히 염원하고 자면 실제로 아침에 눈을 떴을 때 아이디어가 떠오르기 쉽다고 한다. 자는 도중에 머릿속에 엉켜 있던 정보들이 실타래 풀리듯 정리되기 때문인데, '추상법(追想法)'이라고 하는 이 방법은 노벨물리학자인 유카와 히데키 박사와 발명왕 토머스 에디슨 등이 실제로 활용했다고 한다.

나도 집필 중인 책의 목차나 구성이 잘 떠오르지 않을 때는 자기 전에 아이디어 노트나 관련 서적 등을 술술 넘겨보며 뇌에 입력한 후 잠을 청한다. 그러면 신기하게도 아침에 눈 뜬 순간 신이 계시를 준 것처럼 이상적인 책 구성이 머릿속에 완성되어 있다. 나머지는 떠오른 착상을 잊어버리기 전에 얼른 기록해두기만 하면 된다. 이렇듯 나는 매번 책을 쓸 때마다 추상법의 도움을 받고 있으며 사실 이 책의 구성을 결정할 때도 추상법을 이용했을 정도다.

비단 독서뿐만 아니라 잠자기 전에 정보를 입력하거나 중요 사항이 쓰인 서적이나 자료를 보고 자면 아침에 일어났을 때 의외의 착상을 얻을 수 있다.

틈새시간 외에 독서와 인풋 시간을 확보하고자 한다면, '잠자기 전 시간'을 꼭 기억해두기 바란다.

제4장

'읽으면 잊어버리지 않는' 독서법 실천편

오늘의 나를 있게 한 것은
우리 마을 도서관이었다.
하버드 졸업장보다 소중한 것이
독서하는 습관이었다.
- 빌 게이츠

이번 장에서는 기억에 오래 남는,
유익하면서도 진정한 독서를 위한 실천 방법에 대해 알아보자.
읽다 보면 당장이라도 책을 사서 읽고 싶어질 것이다.

01
목적지를 빨리 파악하는
'훌훌 독서법'

전체부터 파악한 뒤 목적과 읽는 방법을 정한다

새로운 책을 손에 쥐면 먼저 무엇부터 해야 할까?

책 읽는 속도가 더딘 사람은 머리말 첫 줄부터 차례로 읽는 경우가 많다. 반면에 책 읽는 속도가 빠른 사람은 책장을 훌훌 넘기며 전체를 스윽 한 번 훑어본 다음에 읽는 경우가 많다.

왜 먼저 책장을 훌훌 넘겨보는 것일까? 거기에는 3가지 목적이 있다.

① 전체를 파악한다.

② 책 읽는 목적을 설정한다.

③ 속독할 것인가 정독할 것인가를 결정한다.

책장을 훌훌 넘겨보는 것은 책을 본격적으로 읽기 전에 결승점 (목적지)에 이르는 방법(읽는 방법)을 결정하고자 함이다.

가령 당신이 서울에서 천안까지 가려고 할 경우, 당신은 어떻게 하겠는가? 대부분 인터넷으로 환승하는 방법을 미리 검색해서 최단거리를 목표 삼아 집을 나설 것이다. 전철의 개찰구를 통과한 후 그때서야 환승 방법을 검색해보고 '뭐야, 전철보다 KTX가 더 빠르잖아'라고 후회하는 사람은 별로 없다.

우리는 대부분 집 밖을 나설 때 목적지를 정한 후 행동한다. 그런데 독서의 경우는 다르다. 개찰구를 통과한 후나 전철을 타고난 후에서야 목적지를 생각하거나 가는 방법을 바꾸기도 한다.

자신의 목적지만 잘 알면 그곳으로 가는 방법과 최단 코스를 확인해보고 출발하는 편이 더 빨리 목적지에 도달할 수 있다. 독서도 마찬가지다. 책을 본격적으로 읽기 전에 목차를 스윽 한 번 훑어본 후 책장을 훌훌 넘기면서 전체를 파악한다. 그런 다음 그 책을 읽는 목적을 정한다. 그 책에서 무엇을 배우고 싶은지, 그 책에서 무엇을 알고 싶은지를 정하는 것이다.

그 다음으로 속독으로 읽을 것인가 정독으로 읽을 것인가를 결정한다. 책 내용의 깊이, 밀도, 인용문헌의 양, 번역인지 아닌지 등을 분석하면 그 책을 속독으로 읽을 것인지, 한 글자 한 구절씩 정독으로 꼼꼼히 읽어야 할 것인지를 파악할 수 있다. 또한 그 책을 오늘 하루에 다 읽을 것인지, 이틀 또는 사흘에 걸쳐 읽을 것인지도 결정해서 목표를 설정한다.

이렇듯 먼저 책장을 훌훌 넘기며 전체를 훑어본 후 목적지와 진행 방법을 결정하는 것이 '훌훌 독서법'이다.

알고 싶은 부분부터 먼저 읽는 '순간이동 독서법'

지적 호기심을 자극하는 페이지로 이동하라

  책 읽는 속도가 더딘 사람은 대체로 어떤 선입견에 사로잡혀 있다. '책은 처음부터 한 글자 한 구절씩 꼼꼼히 읽어야 한다'는 것이다. 대체 이런 규칙은 누가 정한 것일까?

  독서의 목적은 배움과 깨달음을 얻기 위함이다. 따라서 이를 얻기 위한 최적의 방법을 선택하면 그만이다. 가령 실용서적의 경우, 대부분 처음부터 한 글자 한 구절씩 읽을 필요는 없다. 그 책들은 어떤 스킬이나 노하우를 설명하고 있는 책이므로 핵심은 '노하우' 부분이다. 하지만 사실 책에는 근거, 이론, 실례 등이 페이지의 대부분을 차지한다.

그렇다면 노하우 부분에 가장 빨리 도달하는 방법은 무엇일까?

먼저 '이 책에서 가장 알고 싶은 것은 무엇인가'를 생각하자.

그런 다음 알고 싶은 부분을 먼저 읽는다. 먼저 책을 펼치면 목차를 펼쳐 가장 알고 싶은 내용이 몇 장에 있는지 확인한 후 그 '결론'이 쓰여 있을 법한 곳으로 재빨리 이동한다. 그 페이지를 읽은 후 더 알고 싶은 곳, 더 깊게 파고들고 싶은 곳, 의문이 느껴지는 곳이 있으면 다시 목차를 확인한 후 그 페이지로 옮겨가서 읽는다.

이와 같이 몇 차례 순간이동을 반복하면 그 책에서 가장 알고 싶은 부분의 요지가 파악된다. 여기까지 5분도 채 걸리지 않는다. 앞서 말했듯이 최초의 5분은 기억에 잘 남기 때문에 '5분·5분의 법칙'으로 책의 가장 중요 부분이 잘 잊히지 않게 된다. 먼저 가슴을 뛰게 만드는 지적 호기심부터 채우자. 도파민의 분비를 촉진하기 때문에 이 역시 기억에 잘 남는다.

전체상을 대강 파악했을 즈음 첫 페이지로 돌아가 거기서부터 다시 읽어나간다. 미처 읽지 못하고 놓친 중요 내용은 없는지 살펴보는 것이다. 이미 전체상을 파악했기에 글쓴이의 논지가 잘 보일 것이다. 이때는 처음부터 한 글자 한 구절씩 읽는 데 비해 읽는 속도가 압도적으로 빨라진다.

어떤 목적지로 향할 때 사전에 지도로 조사해서 대강 어디쯤인지 목표점을 찍은 후 가면 헤매지 않고 빨리 도착할 수 있다. 그와 아울러 처음에 '목적지'를 대강 파악해두자. 그러면 몇 배 더 빨리 목표 페이지에 도달할 수 있다.

일반적인 책을 처음부터 차례로, 가령 2시간에 걸쳐 읽어나가면 자신이 가장 알고 싶은 부분에 도달하기까지 1시간 이상은 걸리게 된다. 24시간 중 독서 시간이 별로 안 되는 사람이나 읽는 속도가 더 딘 사람은 가장 알고 싶은 곳에 도달하는 데만 하루가 더 걸릴지도 모른다. 그렇게 되면 책을 읽는 동기부여도 배움을 흡수하는 힘도 저하된다.

물론 처음부터 한 글자 한 구절씩 차분히 읽어나가지 않으면 내용을 이해하는 데 애먹는 책도 있다. 하지만 그런 경우라도 목차를 보고 '여기 읽고 싶다!', '이 부분이 재미있겠다!'라는 호기심이 자극될 때는 바로 그 페이지로 이동해도 좋다. 혹은 이 책에서 무엇을 배우고 싶은지 명확한 경우에는 '순간이동 독서법'을 적극 추천한다.

03
약간 어려운 책 읽기에 도전하는 '아슬아슬 독서법'

아슬아슬한 게임이 더 재미있는 이유

책을 읽을 때 천천히 오래 읽는 것과 빨리 읽는 것 중 어느 쪽이 더 기억에 잘 남고 배움의 효과가 클까? 책 읽는 습관이 없는 사람은 '천천히 오래 읽으면 배움의 효과가 크다'라고 생각할지 모르지만 그렇지 않다.

우리 뇌는 자신의 능력보다 조금 어려운 과제에 도전했을 때 가장 활성화된다. 자기 능력보다 다소 어려운 과제에 도전했을 때 뇌신경전달물질인 도파민이 분비되고, 도파민이 분비되면 집중력이 향상되고 기억력도 강화되기 때문이다. 즉 기억에 잘 남고 배움의 효과도 최대치로 높일 수 있는 것이다.

과제가 너무 간단하거나 너무 어려워도 도파민이 분비되지 않는다. 가령 게임도 아무런 시행착오 없이 쉽게 완료할 수 있는 것은 재미가 없다. 반대로 너무 어려워서 몇 번을 해도 절대 다음 단계로 넘어가지 않는 게임도 짜증만 불러일으킬 뿐 즐겁지 않다. 두세 번 정도 실패한 끝에 요령을 터득한 뒤 간신히 다음 단계로 진행되는 '아슬아슬한 난이도'의 게임이 가장 재미있는 법이다. 조금 어려운 정도일 때 도파민이 쉽게 분비되기 때문이다.

약간 어렵게 느낄 때 배움의 효과는 가장 크다

책을 읽을 때는 2가지의 난이도를 설정할 수 있다. '책 내용'과 '책 읽는 속도'다. 책 내용의 난이도는 책을 구입한 순간에 결정되지만 책 읽는 속도는 스스로 조절할 수 있다.

책 내용의 난이도에 대해서 말하면 자기 수준에 맞는 책이면서 자기 실력보다 약간 어려운 책을 선택할 때 배움의 효과가 가장 커진다. 너무 쉬워도 너무 어려워도 얻어지는 건 적다. 그러나 제목과 표지에 혹해서 자신의 독서 수준에 비해 쉬운 책을 사게 되는 경우가 있다. 그때는 책 읽는 속도를 조절하면 난이도가 올라간다. 한 권 읽는 데 보통 2시간 걸린다고 하면 1시간 45분 정도에 읽을 수 있도록 평소보다 빠른 속도로 읽어본다.

나는 주로 전철에서 책을 읽을 때가 많기 때문에 '내릴 때까지 1장(chapter)을 다 읽어야지'라는 식으로 목표와 제한 시간을 정한다. 그러면 막연하게 읽을 때보다 적당한 긴장감이 만들어진다. 말했듯이 기억강화물질 도파민은 명확한 목표가 있어야 쉽게 분비되고, 나아가 적절한 난이도로 목표를 설정해야 보다 많이 분비된다.

소설을 읽을 때는 자신에게 딱 기분 좋은 속도로 즐기는 것이 가장 좋지만, 자기계발서 같은 실용서는 적당하게 제한 시간을 두어 아슬아슬한 난이도로 조정해서 읽으면 기억과 배움을 최대치로 높일 수 있다.

04
행복 물질로 기억력을 증강하는 '두근두근 독서법'

가슴 설레며 읽으면 몇십 년 후에도 기억할 수 있다

얼마 전에 동료 4명과 술자리를 가졌을 때 만화《북두의 권》이야기로 열띤 토론을 벌인 적 있다. 핵전쟁으로 멸망한 후의 세계를 배경으로 하고 있는 이 책은, 손가락을 통해 비공을 찌르는 권법인 북두신권을 사용하는 주인공의 권선징악적 이야기를 담고 있다.

우리 4명은 각자 자신이 좋아하는 캐릭터와 좋아하는 장면 등에 대해 열변을 토하며 이야기했다. 50세 전후의 성인들이 말이다.

《북두의 권》이 유행하기 시작한 것은 내가 대학생 무렵이던 약 30년 전이지만 나는 아직도 그 내용을 상세히 기억하고 있다.

비단 나뿐만이 아니다. 옛날에 읽은 만화를 아주 세세한 부분까지 기억하고 있는 사람이 많다. 1년 전에 읽은 자기계발 서적은 제목조차도 가물가물한데 몇 년 아니 몇십 년 전에 읽은 만화는 세세한 스토리까지 기억하고 있다니! 그 차이는 과연 어디에 있을까?

《북두의 권》은 주간 잡지 〈소년 점프〉에 1983년부터 1988년까지 연재되었는데, 이 잡지 발매일에는 전철역 매점이나 서점마다 엄청난 사람들이 몰려들었다. "다음 호가 궁금해 견딜 수 없다"며 독자들은 발매일을 손꼽아 기다렸다. 기다리는 동안에도 기대감으로 가슴이 뛰고, 읽고 있을 때도 너무 재미있어 가슴이 뛴다.

이럴 때 분비되는 뇌 신경전달물질이 도파민이다. 도파민이 분비되면 만족감, 충족감, 행복감에 둘러싸이고 그 행복감을 다시 체험하고 싶어서 그 느낌을 또 찾게 된다. 만일 그게 만화책이라면 저절로 '다음 호를 읽고 싶다!'라고 생각하게 된다. 도파민은 동기부여를 높여주는 중요한 물질이며, 기억력도 증강시킨다.

행복한 순간을 좀 더 많이 기억할 수 있다면 우리는 행복하게 살아갈 수 있다. 도파민이 기억을 촉진한다는 것은 인간이 행복하게 살기 위해 구성된 프로그램이라고도 할 수 있다.

이러한 도파민의 기억력 증강 효과를 독서에 활용하라. 가슴 두근거리며 책을 읽는다면 그 내용이 30년이 지나도 잊을 수 없을 만큼 단단히 기억될 것이다.

05
가슴 뛸 때 단숨에 읽는
'쇠뿔도 단김에 빼라 독서법'

재미있어 보이면 곧바로 읽어라

나는 서점에 가서 '이 책 재미있겠다!'라고 흥미를 자극하는 책을 발견하면 곧바로 계산대로 가져가서 구입한다. '재미있겠다!'라고 느낀 그 순간, 어떤 내용이 쓰여 있을지 흥미, 관심, 호기심이 높아지고 가슴이 두근거린다.

그러나 구입해놓고 바빠서 바로 읽지 못하고 일주일 후 다시 그 책을 펼쳐들 때는 가슴이 별로 뛰지 않는다. 당신도 '나중에 읽지 뭐' 하고는 책장에 꽂아둔 채 결국 읽지 않은 책이 있을 것이다. 흥미와 관심을 잃어버리면 도파민은 분비되지 않는다.

따라서 '재미있겠다!'고 생각해서 책을 샀으면 바로 읽어야 한다. 책을 구입한 당일, 아니면 다음날까지 책 읽을 생각에 가슴이 뛰고 있을 때 단숨에 읽자. 이렇게 하면 가슴이 두근거리는 상태, 즉 도파민이 분비된 상태에서 책을 읽기 때문에 기억에 강렬하게 남는다. '우선 사두고 틈날 때 읽어야지'라는 식으로 책을 방치하는 독서법은 절대 기억에 남지 않는다는 점을 반드시 명심하자.

06
저자를 직접 만나는
'백문이 불여일견 독서법'

저자를 직접 만나서 호감도를 높여라

책을 많이 읽다 보면 반드시 좋아하는 저자가 생길 것이다. 그런 저자가 생기면 그를 직접 만나러 가기 바란다.

가령 그 저자가 등장하는 세미나나 강연회에 참가하는 것이다. 신간 발매 직후에는 많은 저자가 '신간 발매 기념 강연회' 등을 개최한다. 특히 자기계발서 작가의 경우에는 강연 활동을 하는 사람이 많다. 일부 유명 저자 강연회의 경우 때론 참가비가 들기도 하지만 서점과 제휴한 강연회는 책 구매자에 한해 무료로 진행되는 경우도 많다. 강연회나 사인회 정보는 저자의 공식 홈페이지나 해당 서적

출판사 홈페이지를 살펴보면 쉽게 얻을 수 있다.

그렇다면 저자를 직접 만나는 것이 왜 좋을까? 저자를 직접 만나면 책 내용이 스펀지가 물을 빨아들이듯 자기 안으로 완벽히 흡수되기 때문이다.

커뮤니케이션에는 언어적 커뮤니케이션과 비언어적 커뮤니케이션이 있다. 표정, 시선, 눈빛, 자세, 분위기, 동작 등은 전부 비언어적 커뮤니케이션이다. 가령 상대와 아무런 대화를 나누지 않고 그저 보고만 있어도 상대가 내보내는 비언어적 메시지가 그대로 흡수된다. 저자를 직접 만날 때도 마찬가지다. 언어로는 표현할 수 없는 깊은 부분까지 이해하게 되고, 마음과 마음의 대화가 이뤄진다. <u>글자로 다 표현하지 못한 비언어적 메시지를 흡수함으로써 책 내용을 몇 배 더 깊이 이해할 수 있게 된다.</u> 나아가 단순한 이해 수준을 넘어서서 몇 배나 더 기억에 잘 남는다. 나도 종종 동료나 지인들의 출판기념 강연회에 참가하는데 강연에서 들은 이야기는 몇 년이 지나도 잊히지 않는다. "백문이 불여일견"이라는 속담처럼 책을 100번 읽는 것보다 저자를 한 번 만나는 쪽이 더 생생한 정보를 얻을 수 있다.

그리고 무엇보다 좋은 점은 저자를 직접 만나봄으로써 저자의 사람됨을 이해할 수 있다는 것이다. 사람 됨됨이를 알면 왜 저자가 그 책을 썼는지, 어떤 생각으로 그 책을 썼는지 책만으로는 알 수 없는 부분까지 이해하게 된다. 그리고 저자의 생생한 목소리로 책 해설을 듣다 보면, 만나기 전보다 책 내용을 더 깊이 이해해 내 것으로 만들 수 있고, 저자에 대한 호감도가 한층 더 높아지게 될 것이다.

그 결과, 이후에도 그 저자의 책을 읽을 때마다 기억 증대 효과가 나타난다. 좋아하고 즐기는 마음은 뇌를 자극해서 기억에 더 잘 남기 때문이다.

저자를 자신의 멘토로 삼는다

좋아하는 저자를 직접 만나는 것이 '백문이 불여일견 독서법'이다. "그게 무슨 독서법이야?"라고 반론할 사람이 있을지 모르지만 독서를 단지 책을 읽는 행위만으로 규정하면 배움의 폭이 그만큼 좁아진다.

독서란 책을 내 기억 속에 담는 길이자 저자에게 배움을 얻는 길이기도 하다. 재미있는 책을 한 권 발견하면 동일 저자의 다른 책도 읽어보면서 저자의 경력과 사람됨을 알고 그의 사고법을 흡수하며, 더 나아가 강연이나 세미나에 참석해 직접 배우는 것이 최고의 배움, 총체적인 배움이다.

한 권의 책을 읽고 그 책을 매개체로 저자를 직접 만나는 일은 배움을 연속시키는 일이다. 저자와의 만남은 독서의 또 다른 즐거움이자 하나의 독서 기술이라고 할 수 있다. 좋아하는 저자의 강연회에 참가해 저자를 만나다 보면 자연스럽게 '나도 저렇게 살고 싶다', '나도 저런 사람이 되고 싶다'라는 존경심이 생겨난다. 그때부터 저자는 당신 인생의 멘토가 되고, 동경심과 존경심을 품고 몇 차례 만나다 보면 그의 말과 행동이 자신에게 흡수되어 자연스럽게 닮아가는 인생을 살게 된다.

그것을 심리학에서는 '모델링'이라고 한다. 우리는 닮고 싶은 사람에게 존경심을 품는 것만으로도 무의식중에 모델링이 발동해서 그 사람의 사고방식과 행동, 그 밖의 모든 것을 모방하게 되고 배우게 된다. 갓난아기가 엄마와 아빠가 하는 말, 동작, 일거수일투족을 따라하는 것도 모델링의 한 예다. 존경하는 사람의 책만 읽어도 모델링이 일어나지만 직접 만나게 되면 모델링의 효과는 몇십 배로 강력해진다.

나의 멘토 구리모토 가오루를 만나다!

나를 독서 애호가로 바꿔놓은 책, 《구인 사가》 시리즈와의 만남에 대해서는 1장에서 이미 이야기한 바 있다. 그때부터 저자인 구리모토 가오루는 나의 멘토가 되었고, '나도 이런 글을 쓰고 싶다!', '나도 구리모토 가오루처럼 1년에 몇 권의 책을 내고 싶다!'라는 소망을 품게 되었다.

《구인 사가》에는 권마다 '작가 후기'가 실려 있는데 나는 이 후기를 읽는 것에 크나큰 즐거움을 느끼고 있었다. 거기에는 저자의 근

황과 사고가 적나라하게 나타나 있을 뿐만 아니라, 집필과 창작의 비밀 등도 쓰여 있어 작가로서 일하는 방식과 삶의 모습까지 배워갈 수 있었다. 지금 내가 이렇듯 작가가 된 데는 구리모토 가오루의 영향이 없었다면 상상조차 할 수 없는 일이다.

나는 구리모토 가오루를 꼭 한 번은 만나보고 싶었다. 하지만 지방 도시인 홋카이도에 살고 있었기에 만날 기회가 전혀 없었다. 그 뒤 2004년부터 3년간 미국 시카고에서 유학생활을 하면서 작가가 되기로 결심한 나는 2007년에 귀국해 출판 기회가 많은 도쿄에서 살게 되었다.

내가 미국에서 귀국한 지 몇 개월 후의 일이다. 나는 요코하마에서 열리는 세계SF대회에 구리모토 가오루가 참석해 토크세션을 한다는 정보를 얻었다. 그녀를 만날 수 있는 절호의 기회였.

그녀가 《구인 사가》의 작가로서 대중 앞에 나타나는 일은 거의 없었고, 토크세션이 그토록 대규모로 열린 적은 처음이었다. 나는 맨 앞자리에 앉아 그녀의 이야기에 귀를 기울였다. 처음 만난 작가는 내가 상상했던 이미지 그대로였다. '후기' 속의 구리모토 가오루, 그녀가 거기 존재하고 있었다. 후기에 쓰여 있던 어조 그대로 온화한 말투였다. 《구인 사가》에 얽힌 창작의 비밀에 대해서도 많이 들을 수 있었으니 내겐 참으로 꿈 같은 시간이었다. 토크세션이 끝난 후 나는 저자와 2장의 사진을 찍을 수 있었고, 사인도 받고, 대화도 나눌 수 있었다. 마침 그 무렵은 내가 작가 활동을 본격적으로 시작하려던 시기이기도 했다. 동경하는 작가와 만나 대화를 나눔으로써 나는 '구리모토 가오루 같은 작가가 되고 싶다'라는 생각을 더욱더 강렬하게 굳혔다.

그로부터 약 몇 개월 후 작가가 췌장암으로 투병 중이라는 사실이 《구인 사가》의 후기에 실려 있었다. 큰 충격이었다. 이제 더는 《구인 사가》를 읽을 수 없는 건가!

2년 후 결국 그녀는 세상을 떠났고 요코하마에서 열린 세계SF대회가 그녀가 마지막으로 대중 앞에 선 기회가 되었다.

<u>존경하는 멘토를 만날 기회가 있다면 부디 만사를 제쳐두고 만나러 가기 바란다.</u> 거물이 되면 될수록 직접 만날 기회가 별로 없다. 내가 구리모토 가오루를 만난 것처럼 정말 '평생에 단 한 번의 기회'일 수도 있다.

제5장

'읽으면 잊어버리지 않는' 책 선택법

기대를 하고 책장을 열고,
수확을 얻고,
책뚜껑을 덮는 책.
이런 책이 진실로 양서다.
- 브론슨 올컷

당신에게 가장 필요한 책을 고르는 방법을 배우면
같은 한 권의 책에서 보다 많은 깨달음을 얻어
지금보다 더 빠르게 성장하고 발전하게 될 것이다.

한 권의 책으로 인생을 바꾸는 '홈런 독서법'

많이 읽는 것보다 무엇을 읽는가가 중요하다

나는 매일같이 유튜브 채널에 '정신과 의사 카바사와 시온의 카바채널'이라는 제목으로 정신의학, 심리학, 삶의 방식, 비즈니스 노하우 등에 대한 동영상을 올리고 있다. 동영상에 따라 다르지만 대체로 공개한 지 이틀 만에 약 1,000회 정도는 재생되는 것이 많다.

얼마 전에는 '실패 없는 책 고르기, 허탕치지 않고 재미있는 책 찾는 법'에 관한 동영상을 올린 적 있다. 그랬더니 이틀 동안에 165회 밖에 재생되지 않았고 이것은 그 달에 재생횟수가 가장 낮은 동영상으로 꼽혔다.

유튜브에 몇백 개의 동영상을 올리다 보면 시청자의 관심이 어디에 있는지 금방 알 수 있다. 책 고르는 방법이 얼마나 많은 사람에게 관심 밖의 문제인지 재생횟수로 여실히 증명된 셈이다.

한편 '한 달에 책 30권 독서하는 법'을 소개한 동영상은 이틀 만에 자그마치 재생횟수가 2,000회를 돌파해 그 달에 가장 재생횟수가 많은 동영상이 되었다. 이 말은 곧 상당수가 책을 많이 읽는 데는 관심 있지만 무엇을 읽을 것인가에는 관심이 없다는 이야기다.

하지만 나는 전혀 그 반대다.

독서는 '많이 읽는 것'보다 '무엇을 읽는가'가 열 배는 더 중요하다. 가치 없는 책 10권을 읽는 것과 정말 좋은 책 한 권을 읽는 것 중 어느 쪽이 자기성장으로 이어질까? 두말할 필요 없이 정말로 좋은 책 한 권을 읽는 일이다.

물론 정말 좋은 책은 별로 많지 않다. 나 역시 한 달에 30권 읽는 가운데 단 한 권이라도 멋진 책을 만난다면 그야말로 행운이다. 요컨대 정말 좋은 책 한 권을 만나려면 많은 책을 읽을 수밖에 없다는 뜻이고, 반대로 정말 좋은 책과 만날 수만 있다면 굳이 많은 책을 읽지 않아도 스스로 성장하고 발전할 수 있다는 뜻이기도 하다.

자신에게 정말 좋은 책이라고 생각되는 책을 얼마나 많이 읽느냐에 따라 인생이 바뀐다. 정말 좋은 책 한 권을 만나는 것은 야구선수가 홈런을 치는 것과 같다. 제아무리 훌륭한 타자라도 전타석 홈런을 치기란 불가능하다. 홈런수를 늘리기 위해서는 먼저 스타팅 멤버로 나가서 타석에 서는 숫자를 늘릴 필요가 있다.

책을 많이 읽고 있는데도 성장하지 못하는 사람은 홈런 책과 만나기 어렵다. 책 고르는 방법에 문제가 있기 때문이다. '많이 읽는 것'이 아니라 '어떤 책을 읽을 것인가'에 초점을 맞추고 한 권 한 권을 신중하게 선택해나간다면, 진정한 자기성장을 가져오는 '홈런 책'과 만날 확률이 그만큼 높아진다.

자기 수준에 맞게 읽는 '수파리 독서법'

초보자일수록 상급 노하우를 알고 싶어 한다

　나는 정기적으로 페이스북이나 유튜브 활용법에 관한 세미나를 열고 있다. 상급자를 위한 페이스북 세미나에는 유난히도 많은 사람들이 몰려드는데 이상하게도 수강자의 70~80%는 페이스북 초보자다. 반면에 페이스북 초보자를 위한 세미나에는 평소 절반의 수강자도 모이지 않는다.

　기본적인 사용법도 모르면서 왜 처음부터 상급 노하우를 알고 싶어 할까? 정말로 상급 노하우가 필요해지는 시기는 처음 시작한 지 약 반년이나 1년이 지난 뒤다. 그 무렵에는 이미 내가 강의한 내용은 잊어버렸거나 당시의 기능이 더는 사용되지 않을 가능성도 있다.

정보든 지식이든 지금 자신에게 가장 필요한 것을 모으고 흡수해야 한다. 그렇지 않으면 성장을 위한 그 어떤 에너지도 양분도 얻을 수 없다. <u>자신의 현재 상황에 가장 잘 맞는 내용을 배워라. 그리고 자기성장을 최대화하라. 이것은 독서만이 아니라 모든 배움에 통용되는 법칙이다.</u>

'수파리'를 의식하면 나에게 필요한 책을 알 수 있다

책을 사서 읽어보면 막상 내용이 '너무 기본적이다'라거나 하나같이 '내가 다 아는 내용이다'라고 느껴지는 경우가 있다. 온라인서점에서 책에 낮은 평점을 주는 사람은 대체로 그런 한줄 평을 남긴다. 하지만 정말 그 책 자체가 잘못된 책이라 할 수 있을까? 상급자가 초보자용으로 쉽게 쓰인 책을 읽었을 때 마음에 안 차는 것과 같은 경우는 아닐까?

반대로 책이 너무 어려워서 잘 이해하지 못하는 경우도 있다. 자신의 지식수준에 딱 맞는 책을 사지 않으면 너무 쉽거나 너무 어려워서 둘 다 어떤 깨달음도 배움도 얻을 수 없다. 자신의 수준과 맞지 않는 책은 자신을 성장시키지 못한다. 시간과 돈 낭비일 뿐이다.

그렇게 되지 않기 위해서 나는 '수파리 독서법'을 권한다. '수파리(守破離)'는 불교에서 나온 말로, 원래 다음과 같은 의미를 지닌다.

- 수(守) : 스승의 가르침을 배우고 지키고자 노력하는 것.
- 파(破) : 스승의 가르침을 깨우친 후 타인의 방식을 연구하는 것.
- 리(離) : 자신의 연구 성과를 집대성해서 독자적인 경지를 터득하고 일류를 창출해내는 것.

요즘은 검도나 무도에서 배움의 자세를 가리키는 말로 자주 쓰이는데 학문이나 비즈니스, 놀이 등 모든 데서 효율적으로 배움을 얻을 수 있는 방법이다. 즉, 배움을 초중급의 단계로 표현하자면, 기본을 그대로 따르되 철저하게 모방하는 '수'의 단계(초급), 타인의 방식을 연구하며 더욱더 성장해나가는 '파'의 단계(중급), 그리고 자기만의 방식을 탐구해 새로운 길로 나아가는 '리'의 단계(상급)라고 할 수 있다.

책을 읽는 목적은 뭔가를 배우기 위해서다. 그런 의미에서 당신의 배움은 수, 파, 리 가운데 어느 단계에 있는지 생각해볼 필요가 있다. 그리고 책도 수, 파, 리 중 하나의 단계를 대상으로 중점적으로 쓰여 있는 경우가 많다.

자신이 그 분야에서 수파리 중 어느 단계에 있으며, 어디를 목표로 삼고 있는가, 그곳을 목표로 삼은 뒤 자신이 사고자 하는 책이 수파리 중 어느 부분을 중점적으로 설명하고 있는지를 조합해보면 당신에게 가장 필요한 책이 무엇인지 저절로 알게 된다.

책은 대략 3종류로 분류할 수 있다.

- 수 : 기초를 배울 수 있는 '기본' 책.
- 파 : 다른 사람의 방법을 배우는 '응용' 책.
- 리 : 자신만의 방식을 모색하기 위한 '난관 돌파' 책.

많은 사람들은 자신의 배움이 어느 단계인지 정확히 파악하지 못한 채 무작정 '리' 단계의 책을 사고 싶어 한다. 하지만 초보자가 갑자기 달인 수준의 깊은 뜻을 배우려 한다면 내용을 이해하기 힘들고 어렵게 느껴질 것은 분명하다. 어려워도 끝까지 참고 읽었다면 자기만족은 얻을 수 있을지 모른다. 그러나 이는 책을 아주 많이 읽는데도 전혀 성장하지 못하는 사람이 흔히 저지르는 실수다.

한 권에 기본부터 응용 노하우까지 총망라된 책도 많다. 그럴 경우에는 구입하기 전에 저자가 그 책의 주된 독자층을 어디에 두었는지 파악하기 바란다. '수파리' 중 어느 단계에 역점을 두고 있는지 목차를 보면 대부분 알 수 있다. 기본부터 응용편까지 쓰인 책은 대부분 초보자에서부터 초보자에 가까운 중급자를 주된 독자층으로 두고 있는, 이른바 '수' 단계이거나 '파' 단계인 책이 많다.

자신의 현 단계에 맞는 책만 읽어도 자기성장은 몇 배로 가속화된다.

03
읽기 능력의 기초를 다지는 '입문 독서법'

입문서로 먼저 전체상을 파악한다

프랑스 경제학자인 토마 피케티가 쓴 《21세기 자본》이 미국과 유럽은 물론 아시아에서도 선풍적인 인기를 끌었던 적이 있다. 일본에서도 베스트셀러가 된 이 책은 무려 800페이지가 넘는 대저(大著)다. 이처럼 두꺼운 책이 베스트셀러가 된 것은 이례적인 일이다. 그런데 과연 이 책을 산 사람은 정말 다 읽었을까?

나는 경제와 경제학에 대해서는 '수'의 단계라 아무리 생각해도 이 책은 읽기 힘들 것 같았다. 그래서 '피케티 입문'이라는 부제가 달린 《60분이면 알 수 있는 21세기 자본의 포인트》를 읽었다.

앞서도 언급했지만 책을 읽지 않는 사람일수록 입문서보다 심화서를 좋아하는 경향이 있다. 기본을 건너뛰고 심오한 뜻부터 알고 싶어 하는 것이다. 이는 '아는 셈 치기'식 독서는 될 수 있을지 모르나 '완전히 익히는 수준', '다른 사람과 토론할 수준'으로 읽기는 어렵다.

예컨대, 융 심리학 책을 읽고 싶어 하는 사람이 있으면 나는 가와이 하야오의《융 심리학 입문》을 권한다. 이 책은 일본에서는 정신과 의사라면 한 번은 꼭 읽는 융 심리학의 스테디셀러 가운데 하나다. 정신과 의사나 심리 상담사, 혹은 심리학이나 인문계 책을 즐겨 읽는 사람에게 추천하는 책이다. 그러나 반대로 한 달에 책을 두세 권 밖에 읽지 않는 사람, 심리학 예비지식이 전혀 없는 사람에게는 권할 수 없다. 심리학 용어들이 줄줄이 등장해서 10페이지쯤 읽으면 포기할 게 분명하기 때문이다.

고전을 읽는다는 것은 매우 중요하다. 하지만 어느 날 갑자기 고전부터 시작한다면 끝까지 읽기 쉽지 않다. 따라서 처음에는 입문서나 해설서부터 읽기를 권한다. 만약 심리학에 대한 기초 지식이 전혀 없는 사람이 융 심리학을 알고 싶다고 하면 나는 먼저 후쿠시마 데츠오가 쓴《융 심리학》을 권한다. 이 책은 좌우 2페이지 당 한 항목으로 구성되어 있는데 한쪽 페이지는 그림으로 설명되어 있어 직감적으로 이해할 수 있고, 다른 페이지에는 해설문이 쓰여 있어 논리적으로 이해할 수 있다. 평소 독서를 잘 하지 않는 사람이나 어린 학생도 쉽게 이해할 수 있는 입문서로 대강의 개요와 아웃라인을 파악한 뒤 '융 심리학이란 이런 느낌이구나'라는 정도의 감만 잡으면 충분하다. 그런 다음에 좀 전에 말한《융 심리학 입문》을 본격적으로 읽어본다. 그러면 기초가 이미 입력된 상태라 어렵고 난해했던 책 내용이 스펀지가 물을 빨아들이듯 자연스럽게 흡수되고 이해된다.

이처럼 '수' 단계인 사람이 갑자기 '파'나 '리' 단계에 해당하는 본격적인 고전에 손을 대는 것은 다소 무리가 있다. <u>우선 입문서로 기초 지식과 전체상을 파악하자. 기초 체력을 기르고 나서 다음 단계로 진행하면 시간을 절약할 수 있고 아울러 보다 깊은 배움을 얻을 수 있다.</u>

서점에는 그림이나 표를 곁들여 쉽게 풀어쓴 도해 책이 많다. 어려운 주제의 책일수록 이런 책으로 기초를 배운 후 심화서로 진행한다면 책 선택에 결코 실패하지 않을 것이다.

04
존경하는 사람이
권하는 대로 읽는
'추천 독서법'

양서를 만날 수 있는 확률을 높이는 법

"많은 책을 읽고는 있지만 좀처럼 좋은 책을 만나기는 힘드네요. 어떻게 하면 양서만 골라 읽을 수 있을까요?"라고 질문하는 사람이 있다.

서점에 가서 닥치는 대로 책을 사도 양서를 만날 확률은 높지 않다. 남에게는 양서라도 자신에게 필요한 책, 자신의 가치를 높여주는 책이 아니면 그것은 그 사람에게 양서라 할 수 없다. 결과적으로 자신에게 지금 가장 필요한 책을 스스로 선택하면 금상첨화겠지만, 평소 책을 많이 읽지 않는 사람은 당장 쉽게 얻을 수 없는 능력이다.

당신은 혹시 '저 사람처럼 되고 싶다!'라고 생각하는 작가가 있는가? 진심으로 존경하는 사람, 동경하는 사람, 목표 삼고 싶은 사람이어도 좋다. 누군가가 머릿속에 떠올랐다면 먼저 그 사람이 쓴 책을 읽어보자. 그 책이 재미있든 없든 당신이 그 사람처럼 되기 위한 성장의 양식이 될 것이다.

그리고 당신이 본받고 싶은 사람이 추천하는 책도 읽어보라. 그것은 그 사람이 성장해나가는 과정에서 도움이 되었던, 즉 '성장의 영양제'가 되었던 책이기 때문에 그 사람처럼 되고 싶은 당신에게도 긍정의 효과를 발휘할 게 분명하다.

<u>손에 잡히는 대로 무작정 책을 읽는 것이 아니라 다른 사람이 추천하는 책부터 읽는 쪽이 빗나간 선택을 피하고 양서를 만날 확률을 높인다.</u> 다른 사람이 추천하는 한 권의 책은 무수히 많은 책을 읽어본 가운데 가장 좋은 것을 고른 것이다. 즉 추천한 책을 읽는 것은 농축된 스프의 가장 맛있는 부분을 먹는 것과 같다.

배경을 아는 사람이 권하는 책을 선택하라

내가 책을 선택할 때 가장 많이 참고하는 것은 페이스북의 뉴스 피드다. 뉴스 피드를 보면 '이 책을 읽었다', '지금 이 책을 읽고 있다'라는 투고가 매일처럼 올라온다. 거기에서 재미있어 보이는 책을 발견하면 나는 즉시 구입한다.

그 사람의 가치관에 따라 추천하는 책도 달라지기 때문에 어떤 사람이 추천하고 있는지 그 사람의 배경을 전혀 모르면 정보의 가치를 판단할 방법이 없다. 그래서 '어떤 책을 권하고 있는가?'보다 '누가 권하는가?'가 더 중요하다.

그런데 페이스북 친구는 직업, 취미, 기호, 사고방식, 인생관 등 자신과 공통점을 지닌 사람이 많다. 그리고 직접 만나는 사람도 많기 때문에 그 친구의 전문성이나 성격도 익히 알고 있다. 또한 그 사람의 지적 수준도 잘 알고 있기에 '그 사람이 추천하는 책이면 읽어도 손해 보지 않는다'는 마음이 든다.

그런 점에서 친구나 지인이 권하는 책을 읽으면 무안타가 될 가능성이 낮고 '안타 책'이나 '홈런 책'일 가능성이 높다. 친구에게 직접 추천받는 경우는 물론이고 이렇듯 소셜미디어도 잘 활용하면 책 선택에 귀중한 정보원이 된다.

누군가가 추천하는 책은 훨씬 더 값어치가 있다

나는 독서 감상이나 서평을 페이스북과 메일 매거진에 올리는데, "이것은 꼭 읽어야 한다!"라고 강력하게 추천할 만한 책은 사실 별로 많지 않다. 이 책은 꼭 읽어보라고 자신 있게 말할 수 있는 책은 한 달에 단 몇 권 정도다.

한 달에 30권 읽는 가운데 강력하게 추천할 수 있는 책이 단 몇 권이라는 것은, 내가 읽은 책 10권 가운데 1위를 추천하는 것과 같다. 다시 말하면 평균 책 가격을 12,000원이라고 할 때, 한 권을 소개하기 위해 120,000원 정도를 투자하고 있는 셈이다. 즉 그 한 권은 '120,000원의 가치가 있다'는 뜻도 된다.

자기 스스로 제로 상태에서 양서를 찾아내려면 많은 책을 사서 읽어봐야 하므로 그만큼의 비용을 투자해야만 한다. 그런데 만일 내가 권한 책을 산다면 120,000원의 투자 없이 최단 시간에 홈런 책에 도달할 가능성이 높다.

다른 사람이 진심으로 추천하는 책은 서점에 진열되어 있는 보통의 책보다 몇 배 더 많은 가치가 있다는 점을 기억하자. 다만 그 책이 전부 당신에게 홈런 책일 수는 없다. 책 읽는 목적과 책에서 무엇을 배우고 싶은가는 사람에 따라 다르기 때문이다. 그럴 경우에는 단순히 '어떤 책을 권하고 있는가?'만 보는 것이 아니라 '왜 그 책을 추천하고 있는가?'까지 정확히 읽어야 한다. 당신에게 필요한 진짜 정보가 그 책에 쓰여 있는지 당신이 책을 읽는 목적이나 방향성과 일치한지까지도 확인해두면 홈런율은 비약적으로 높아진다.

책의 큐레이터 '서평가'의 의견을 참고한다

때로는 월간지나 신문 등에 실린 서평란이 책 고를 때 도움되는데 내가 특히 참고하는 것은 '○○ 전문가가 선택한 이달의 책'과 같은 코너다. 이 코너에서는 그 분야의 전문가가 최근 읽은 책 중에서 가장 추천하고 싶은 책을 소개하고 있다. 월간지나 신문에 서평 쓸 수준의 사람들이므로 한 달에 수십 권, 사람에 따라서는 50권 이상의 책을 읽고 있을 것이다. 거기에서 추천하는 책은 상위 50분의 1에 해당하는 책이라고 할 수 있다. 월간지나 신문은 몇십만 명, 몇백만 명의 독자를 대상으로 하는 미디어이므로 수준 낮은 책을 소개하지는 않는다.

책을 고를 때는 어쨌거나 최종적으로 자신의 안목이 가장 중요하지만 매일매일 다양한 종류의 신간이 쏟아지고 있으니 정보가 제로인 상태에서 책을 고르기란 사실 쉽지 않다. 이때 큐레이터의 의견이 중요한 참고자료가 된다.

큐레이션(curation)이란 정보를 수집, 선별하거나 그 의미를 번역해서 사람들에게 정보를 알기 쉽게 제공하는 일을 말한다. 그 큐레이션을 하는 사람을 큐레이터(curator)라고 하는데, 최근에는 인터넷 세계에서 정보를 정리해 발신하는 사람을 가리키는 말로 쓰이는 경우도 늘고 있다.

<u>책도 큐레이터의 의견을 참고하는 것이 중요하다. 누군가가 추천하는 책을 통해 후보를 어느 정도 좁힌 다음 마지막에 자신의 선택안으로 고르는 것이 실패 확률이 적고 효율적이다.</u>

인터넷상에도 많은 서평 사이트, 서평 블로그가 있다. 거기에서 자신에게 맞는 책을 선택하라. 특히 각 분야 전문가들이 우수도서를

선정한 후 핵심 내용을 원본의 8장~10장 내외로 요약해서 소개하는 내용을 중점적으로 참고하라. 거기에서 요약 글을 읽어보면 책을 다 읽지 않아도 대략적인 내용을 파악할 수 있어 편리하다. 요약본을 읽고 내용을 좀 더 구체적으로 알고 싶다면 책을 구입해서 깊이 있게 배우면 된다.

> 05

베스트셀러에 연연하지 않는 '자기중심 독서법'

'베스트셀러'는 그리 중요하지 않다

"책은 베스트셀러를 읽는 게 좋습니까?"라는 질문을 받는 일이 종종 있다. 나는 베스트셀러나 상위 랭킹에 있는 책은 읽어도 한 달에 몇 권 정도에 불과하다.

2014년 최고의 베스트셀러 《미움받을 용기》를 예로 들어보겠다. 이 책은 2013년 12월 일본에서 첫 출간되어 2014년 상반기에 일본 서점 베스트셀러 랭킹 상위에 쭉 자리하고 있었지만 내가 읽은 것은 2014년 5월이었다. 그때가 이 책을 읽고 싶던 최고의 순간이었기 때문이다.

서점에 가면 '금주의 베스트셀러'나 '요즘 인기 있는 책' 코너에 눈길이 가게 마련이다. 그러나 원래 책을 사는 기준, 책을 읽는 기준은 '자신이 읽고 싶어서'여야 한다. 다른 사람이 읽고 있는지 여부는 상관없다. 남이 읽으니 나도 읽어야 한다는 발상 자체를 버려라.

'남이 하니 나도 따라한다'는 심리를 심리학에서는 '동조압력(同調壓力)'이라고 부른다. 하지만 다수의 의견에 억지로 내 의견을 끼워 맞추는 것은 강요받는 느낌을 주기 때문에 스트레스의 원인이 된다. 억지로 읽으면 도움도 안 되고 기억에도 남지 않는다. 게다가 스트레스가 된다면 읽는 의미가 없다.

<u>책을 고를 때는 베스트셀러인가 아닌가보다 그 책을 정말 읽고 싶은가 아닌가를 스스로에게 물어야 한다.</u> 베스트셀러를 정말 읽고 싶다면 사도 좋고 읽고 싶지 않다면 사지 않아도 좋다. 다만 그뿐이다. 베스트셀러는 베스트셀러가 될 만큼 아주 재미있는 책도 많지만, 이해하기 쉽지만 내용이 다소 빈약한 경우의 책도 있다. 후자는 시류에 편승한 대중적인 책이라 할 수 있다. 평소 책을 읽지 않는 사람이 구입하지 않으면 크게 히트할 리 없다. 즉, 베스트셀러가 되기 위해서는 책을 잘 읽지 않는 사람에게도 이해하기 쉬운 책이어야만 한다. 그래서 평소 책을 많이 읽는 독서가에게는 너무 쉬워서 불만족스러운 느낌이 드는 경우가 있다.

베스트셀러는 시류를 반영한다. 집단심리라 해도 좋다. '지금 무엇이 유행하고 있는가?'를 배우고 연구하는 것은 신상품이나 신제품을 개발하는 사람, 나처럼 책을 쓰는 사람에게는 큰 의미가 있다. 지금을 안다는 의미에서 베스트셀러를 읽는 데는 의의가 있다.

단지 베스트셀러이고 요즘 인기 있는 책이라는 이유로 현혹되지 말고 자신이 읽고 싶은 책, 자신에게 필요한 책을 엄밀하게 파악해서 읽기 바란다.

대형서점의 장점을
적극 활용하는
'전문서적 독서법'

전문서적을 사고 싶다면 어디로 가야 할까?

"제 일과 관련된 전문서적을 읽고 싶은데 찾지 못하겠습니다"라고 말하는 사람이 있다.

전문가 대상의 책은 작은 서점에서는 잘 팔지 않는다. 서점에 놓인 책의 숫자는 매장 면적으로 거의 결정된다. 또 대부분의 서점들은 팔리지 않는 책을 장기간 진열할 여유가 없다. 그러므로 소규모 서점에는 베스트셀러나 신간 위주로 진열되어 있다. 이른바 잘 팔리지 않는 전문서는 없는 것이 당연하다는 말이다.

당신이 만약 어떤 한 분야에 대해 좁고 깊게 조사하고 싶을 때는 책 종수가 풍부한 대형서점에 가서 되도록 많은 책을 접하는 것이 좋다. 만일 읽고 싶은 책이 해당 서점에 없을 때는 서점 직원에게 책 제목과 저자의 이름을 알려주면 출판사에 직접 연락해서 비치해놓기도 한다.

한편 정확한 책 제목을 모를 때는 오프라인 서점의 검색대나 온라인서점에서 키워드로 검색해보면 원하는 책을 찾을 수 있다. 그밖에 서점에서 절판되었거나 품절 중인 책은 직접 해당 책을 출간한 출판사에 전화하면 몇 권 정도는 비치해두고 있어 구입이 가능한 경우도 있다.

추천 기능과 리뷰를 활용하는
'온라인서점 독서법'

리뷰는 참고만 해도 충분하다

   온라인서점에서 책을 고를 때는 다른 사람이 어떤 책을 사고 어떤 평가를 하는지를 알 수 있는 것이 큰 장점이다.

   온라인서점의 판매 순위를 보면 요즘 잘 팔리는 책을 단번에 알 수 있다. 아마존서점처럼 매시간 순위가 변경되는 서점도 있고 매일 갱신되는 서점도 있다. 또한 온라인서점에는 '이 책을 구매하신 분들이 함께 구매하신 상품입니다' 혹은 '이 상품을 구매한 분들은 이런 상품도 구매하셨습니다', '이 상품에 관심 있는 분들은 이런 상품에도 관심을 가지고 있습니다' 등의 추천 기능이 있다. 다른 사람들이 어떤 책에 관심을 가지고 있고 어떤 책을 사고 있는지, 다른 사람의 머릿속이나 책장을 들여다보는 것 같아서 매우 흥미롭기도 하다.

　이처럼 다른 사람의 관심, 구입 이력, 평가를 알 수 있는 것이 온라인서점에서 책을 고를 때의 가장 큰 이점이다. 반면에 온라인서점에서 책을 구입할 때 주의할 점이 있다. 온라인서점에서는 책을 컴퓨터 화면상으로만 볼 수 있기 때문에 실제 종이의 질감이나 인쇄 상태, 판형(책의 사이즈) 등은 자세히 확인할 수 없다. 따라서 책을 고를 때 절대 실패하고 싶지 않은 사람이라면 온라인서점이 아닌 오프라인서점에서 직접 보고 사는 것이 좋다. 그리고 온라인서점의 판매 순위나 다른 사람의 평가 등만 보고 책을 구입할 때에는 '인기 있는 책이지만 정작 나에겐 필요 없는 책'을 사버릴 위험도 크다.

　또 리뷰를 참고할 때 사소한 주의가 필요하다. 예컨대 별 한 개의 최저 평가를 매기고 히스테릭한 리뷰를 쓰는 사람이 있다. 그 사람의 평을 잘 읽어보면 '자신에게 필요 없는 책', '자신의 지식수준에 맞지 않는 책'을 샀기 때문인 경우도 있다. '당연한 말만 쓰여 있다', '참신하지 않다', '이런 건 누구나 안다'라는 신랄할 비평이 몰리는 책은 다시 말하면 기본적인 지식을 아주 쉽게 설명하고 있는, 초보자를 위한 양질의 입문서인 경우가 흔히 있다. 따라서 리뷰를 참고는 하되 있는 그대로는 받아들이지 말자.

'사이버 책 안내인'을 활용하라!

내가 온라인서점에서 책을 구입할 때 참고하는 것은 '이 상품을 구매한 분들은 이런 상품도 구매하셨습니다'라는 추천란에 표시된 책이다. 추천란에는 지금 보고 있는 책과 유사한 책이 어느 정도 판매순대로 표시되는 것 같다. 따라서 관련 책을 몇 권 더 읽어보는, 즉 깊이 있는 독서를 하고 싶을 때는 이 추천 기능이 매우 편리하다.

가령 긍정 심리학에 관해 깊이 있는 독서를 하고 싶을 때는 '긍정 심리학'이라는 키워드로 검색하는데 이 말이 제목에 포함되는 책이 상위에 표시되고, 긍정 심리학에 대해 쓰였으나 제목에 그 말이 들어 있지 않은 책은 하위에 표시된다. 검색 결과 위에서부터 차례로 구입하면 필요 없는 책이 걸러질 수 있을지 모른다. 하지만 그보다 깊이 있는 독서를 하고 싶을 때는 추천을 참고하는 쪽이 좋다.

내가 생각하는 긍정 심리학의 결정판은 숀 아처가 지은 《행복의 특권》이다. 이 책의 상세 페이지를 클릭하면 내 PC에서는 관련 도서 추천란에 《행복을 선택한 사람들》, 《플로리시》, 《행복의 신화》, 《해피어》 등의 책이 표시된다. 《행복의 특권》을 포함한 베스트 5가 추천란에 떡하니 표시되어 있는 것이다!

<u>온라인서점의 추천 기능은 자신에게 필요한 책을 세계 최고 수준의 '사이버 책 안내인'이 추천해주는 것과 같다고 할 수 있다.</u> 온라인서점이 추천하는 책은 실제로 자신에게 필요한 책이 많으므로 참조해서 잘 활용한다면 실패하지 않는 책 선택법이 될 것이다.

08
운명의 책을 만날 수 있는 '세런디피티 독서법'

관심의 폭을 넓히면 좋은 책을 만날 수 있다

대형서점에 가서 느긋하게 여기저기 둘러보다 보면 '이런 책이 나왔다니!' 하며 예기치 못한 책과 운명처럼 만날 때가 있다.

나는 관심 있는 분야의 책은 그것이 신간이든 구간이든 온라인서점에서도 수시로 확인하고 있고 꽤 폭넓게 정보를 수집하고 있어 정보량은 많이 가지고 있는 편이다. 그런데도 대형서점에 가면 '이 분야에서 이런 책이 나오고 있는 줄 몰랐다!'라거나 '이 저자가 이런 책도 내고 있었구나!' 하는 책을 발견하는 경우가 종종 있다.

인터넷 시대에서는 자신이 관심 있는 키워드를 넣고 그와 관련된 정보를 끄집어내는 검색이 중요하지만 그것이 결코 만능은 아니다. 가령 '긍정 심리학' 책을 검색한다고 하자. 만일 제목이나 부제에 '긍정 심리학'이라는 말이 들어 있지 않으면 긍정 심리학에 대한 내용의 책이라도 검색 결과에 나오지 않는 경우가 있다.

'세런디피티(serendipity)'라는 말은 뭔가를 찾고 있을 때 찾는 것과는 달리 더 가치 있는 것을 발견하는 능력이나 재능을 말한다. 우연한 계기로 어떤 직감을 얻어 행운을 잡는 능력이다.

책을 선택할 때도 세런디피티는 틀림없이 존재한다. 그러나 책과의 우연한 만남은 사실은 우연이 아니다. 우리가 어떤 책장 앞을 걷고, 어디에 눈길을 주느냐에 따라 무의식으로 주의력을 작동해 '선택'하고 있는 것이다. 따라서 나 자신이 모르는 멋진 책을 만나기 위해서는 미리 '주의망'을 펼쳐둘 필요가 있다.

인간의 뇌는 자신에게 필요한 정보나 중요한 정보를 직감적으로 수집한다. 대신에 관심 없는 정보나 모르는 정보는 스쳐지나가도록 구성되어 있다. 이것을 심리학용어로 '선택적 주의'라고 한다.

많은 사람이 모이는 칵테일 파티장을 예로 들어보자. 온갖 사람들이 잡다한 화제로 이야기하고 있기 때문에 내용을 다 알아듣기란 쉽지 않다. 그러나 어떤 그룹의 대화 속에서 자신의 이름이 나오면 그 순간 '아, 어디서 내 이름 부르는 소리가 들리는데!' 하며 순간적으로 반응한다. 자신의 이름에 대해 선택적 주의를 기울이고 있었기에 파티장 같은 시끄러운 장소에서도 그 말에 쉽게 반응할 수 있는 것이다.

책을 선택할 때도 마찬가지다. 자신이 원하는 정보를 미리 명확히 해두기 바란다. 관심 분야, 좋아하는 정보나 지식은 어떤 것인가? 자기만의 정보 필터를 미리 준비해두기만 해도 지금까지와 똑같은 시간에 서점을 걷다가도 운명의 책 한 권을 만날 확률이 몇 배로 늘어날 것이다. 또 관심의 폭을 넓혀두면 그만큼 멋진 책을 만날 기회도 늘어난다. 자신의 관심 영역과 더불어 다양한 것에 안테나를 펴두면 여러 장르에서 좋은 책을 만날 수 있다.

09
가슴 뛰는 책을 선택하는 '직감 독서법'

마지막은 '직감'을 믿는다!

어떤 책을 읽으면 좋을까? 어떤 책을 사면 좋을까?

이런 고민에 빠져 있다면 마지막은 '직감'을 따르라고 말하고 싶다. '이 책 재미있겠다', '이 책은 나에게 도움이 될 것 같다'라는 자신의 직감을 믿으라는 말이다. 책을 많이 읽으면 책 고르는 직감도 발달해 책 선택에 실패하는 확률이 점점 줄어든다.

직감이란 인간의 팽대한 지식과 경험이라는 데이터베이스를 토대로 무의식중에 순간적으로 이뤄지는 판단을 말한다. <u>인간의 행동 가운데 99.9%는 일일이 사고하지 않고 무의식중에 직감으로 이뤄</u>

지고 있다. 따라서 확실한 경험치만 있다면 직감이야말로 그 사람의 최고 판단축이라고 할 수 있다.

체스 경기를 통해 직감을 연구한 자료가 있다. 체스 선수가 맨 처음 떠올린 한 수와 숙고 끝에 결정한 한 수를 비교했더니 90%가 일치하는 결과가 나왔다. 즉 직감으로 판단해도, 오랫동안 숙고해도 대부분의 결과는 같다는 이야기다.

직감과 관련해 또 하나 흥미로운 이야기가 있다.

일본 장기 챔피언 하부 요시하루는 "장기를 두다 보면 순간 번쩍하고 '이 수밖에는 없다'라고 영감이 떠오를 때가 있다. 100% 확신을 가지고 최선의 수를 선택한다. 논리적인 사고가 직감으로 승화된 순간이다"라고 말했다. 그는 어린 시절부터 오랜 세월에 걸쳐 일상적으로 사고훈련을 거듭해온 결과 순간적으로 최선의 수를 도출해내는 직감이 자연스럽게 길러졌을 것이다.

최신의 뇌 과학 연구에 따르면 직감을 탄생시키는 '기저핵'이라는 부분은 성인이 되어서도 계속 성장한다고 한다. 즉, 훈련으로 기저핵을 단련하면 '최선의 한 수'가 직감적으로 떠오르게 되고, 훈련을 통해 올바르게 판단할 수 있는 직감력이 길러진다는 것이 뇌 과학적으로 증명된 셈이다. 그리고 중요한 사실은 직감을 단련시키기에 늦은 때란 없다는 사실이다.

독서로 말하면, 책을 많이 읽으면 읽을수록 자신에게 '좋은 책', '도움되는 책'에 대한 데이터베이스가 충실해지는 것이므로 책 선택도 직감으로 옳게 판단할 확률이 높아진다. 즉 다독가의 직감은 옳은 예가 많으므로 책을 많이 읽는 사람은 자신감을 가지고 자신의 직감대로 책을 선택해도 된다.

한편 책을 별로 읽지 않는 사람은 책에 관한 지식과 경험의 데이터베이스가 아직 약하기 때문에 책 고르는 직감이 별로 옳다고는 할 수 없다. 따라서 책을 많이 읽기 전까지는 자신의 직감보다 책을 많이 읽는 사람들의 추천서에서 자신이 읽고 싶은 책을 선택하는 쪽이 실패율이 낮다.

직감으로 책을 선택하기 위해서는 온라인서점보다 오프라인서점에 가서 직접 책을 손에 쥐어보는 쪽이 좋다. 그리고 그 책을 손에 쥔 순간 '가슴이 뛰는가, 뛰지 않는가' 하는 느낌을 중요시하라. 가슴이 뛴다면 '즉시 사라!' 어렵게 생각할 필요 없다. 도파민이 분비되기 때문에 읽어도 기억에 훨씬 더 잘 남고 높은 학습 효과도 얻을 수 있다.

한 권의 책에서 또 다른 책으로 '줄줄이 엮기 독서법'

참고문헌, 인용서적, 원서를 모두 활용하라

맨 뒷부분에 '참고문헌'이나 '참고도서'가 기록되어 있는 책이 있다. 또는 본문 중에 인용이나 참고 출처가 기록되어 있는 책도 있다. 참고문헌은 독서가에겐 아주 중요한 정보원이지만 대부분의 독자는 주의해서 읽지 않는다.

참고문헌 리스트에 있는 책은 읽어서 손해 볼 일 없는 책이 많다. 그 책의 저자가 참고한 책이기 때문이다. 저자는 별 볼 없는 책, 도움되지 않는 책은 참고하지 않는다. 즉 참고문헌이라는 것은 저자가 적지 않은 영향을 받은 책들이자 저자의 추천 도서 목록이다.

당신이 어떤 책을 읽고 그 분야에 대해 좀 더 깊이 알고 싶을 때는 그 책의 참고문헌에서 흥미로운 책을 골라 읽어나가라. 그 분야의 지식이 더욱더 깊어진다.

장별로 참고문헌이 쓰여 있는 경우도 있다. 가령 당신이 어떤 책의 '제4장'에 깊이 공감했다면 그 내용과 연관이 있는 4장의 참고문헌을 몇 권 더 읽는 것도 좋다. 그렇게 하면 그 책을 더 깊이 이해할 수 있다. 그리고 참고문헌을 찾아 읽고 나면 그 책의 또 다른 참고문헌을 보고 싶다는 생각이 든다. 그 중에서 또 몇 권을 선택해 읽는다. 이와 같이 참고문헌을 줄줄이 엮어 읽기를 몇 차례 반복하면 그 영역에서 중요한 책을 넓고 깊게 읽을 수 있다. 이것이 바로 '줄줄이 엮기 독서법'이다. 줄줄이 엮기 독서법은 그 분야에 관한 지식을 급속도로 깊고 넓게 만들어주므로 궁극의 심독 독서법이라 해도 좋다.

같은 장르의 책을 몇 권 읽다 보면 참고문헌마다 반드시 등장하는 책들이 있다. 그 책은 그 영역에서 '고전'이거나 '명저', '대표적인 책'일 가능성이 높으므로 반드시 읽기 바란다.

인간의 기억은 줄줄이 연결되어 있다

"뭔가와 연관 지어 기억하면 잊어버리지 않는다."

대부분의 기억법 책에는 이렇게 쓰여 있다. 인간의 뇌는 사물과 사물을 연결해서 기억하는 습성이 있기 때문이다. 가령 한 달 전에 전혀 다른 장르의 책 5권을 읽은 경우와 같은 장르의 책 5권을 읽은 경우 어느 쪽이 더 기억에 잘 남을까?

<u>한 장르를 정해놓고 읽는 쪽이 훨씬 더 기억에 잘 남는다.</u> 같은 장르의 책 5권 사이에서 서로 관계성이 싹트기 때문에 의식하지 않아도 비교·대립하면서 읽게 된다.

나는 얼마 전에 긍정 심리학 도서를 2주 만에 10권 읽었다. 어떤 저자는 긍정과 건강의 관련성에 대해 중점적으로 이야기하고, 어떤 저자는 긍정을 어떻게 일에 도입시키는가에 대해 이야기하고 있다. 또 다른 저자는 긍정과 삶의 방식에 관해 이야기하기도 한다.

이와 같이 같은 장르의 책 여러 권을 단숨에 읽으면 '저 책에는 이렇게 쓰여 있지만, 이 책에는 다르게 표현하고 있다'라는 식으로 여러 가지 기억이 연결되어 기억에 더 쉽게 남는다.

학술논문을 찾을 때는 구글 스칼라의 힘을 빌려라

책 뒷부분에 게재된 참고문헌과 참고도서를 이용해 더욱더 깊이 이해할 수 있는 책을 찾자는 것이 줄줄이 엮기 독서법의 핵심이다.

논문을 쓰거나 책을 쓸 경우 자신의 논거를 보강하기 위해 적절한 학술논문을 참고하고 인용해야 할 때가 있다. 그러나 인용하는 논문을 맨바닥에서 찾기란 의외로 쉽지 않다. 그때 절대적인 위력을 발휘하는 것이 '구글 스칼라(Google Scholar)'다.

구글 스칼라는 인터넷상에 퍼져 있는 수많은 정보 속에서 학술자료만을 간단하게 검색할 수 있는 서비스다. 분야나 발행처를 묻지 않고 학술출판사, 전문학회, 프리프린트 관리기관, 대학 및 기타 학술단체의 학술전문지, 논문, 서적, 요약, 기사를 검색할 수 있다. 학술연구자료 가운데 관련성이 높은 자료를 찾을 때 굉장한 위력을 발휘한다.

전체 내용은 유료라도 논문의 '요지'는 대부분 무료로 읽을 수 있다. 간혹 출판사 사이트에서는 열람만 해도 요금이 발생하는 논문도 저자가 개인 홈페이지에 무료로 올려놓을 때가 있는데, 이 링크 주소도 검색 결과로 보여준다. 따라서 검색만 잘하면 얼마든지 무료로도 열람할 수 있다.

구글 스칼라에서는 구글의 웹 검색과 마찬가지로 가장 연관성 있는 정보가 페이지 상단에 표시된다. 각 기사의 전문, 저자, 기사가 게재된 출판물, 기타 학술자료에 인용된 횟수 등이 고려된 검색 결과가 표시되고, 영향력 있고 중요도가 높은 논문이 상위에 표시된다. 또한 통상의 구글 검색처럼 한국어, 영어 번역, 기간과 저자로 범위를 좁히는 등 연산자나 복잡한 검색에도 대응하고 있기 때문에 자신에게 필요한 학술논문을 자유자재로 찾아낼 수 있다.

구글 스칼라는 책을 집필하거나 졸업논문, 석사·박사 논문, 학술논문을 집필하는 사람에게 매우 편리하다. 업무상 프레젠테이션이나 리포트 등에서 과학적 근거를 보강할 때도 사용할 수 있다.

11
넓고, 깊고, 균형 있게 읽는 '온천 채굴 독서법'

폭넓은 독서 vs 깊이 있는 독서, 당신의 선택은?

지식을 넓히기 위해 책을 읽을 것인가, 아니면 지식을 깊이 쌓기 위해 책을 읽을 것인가?

당신의 독서는 어느 쪽인가?

'폭넓은 독서'만 하는 잡학왕은 폭넓게 다양한 사실을 알 수 있지만 시간이 지나도 어떤 한 분야의 전문가는 될 수 없다. 한편 '깊이 있는 독서'만 고집하는 사람은 자신의 전문 영역에 대해서는 압도적인 지식을 얻게 되지만 그 밖의 영역은 전혀 모르는 '전문 바보'가 되고 만다.

따라서 폭넓은 독서와 깊이 있는 독서 사이의 균형이 중요하다. 우선 폭넓은 독서로 자신의 관심과 흥미를 넓히고, 거기에서 '재미있다!', '더 알고 싶다!'라는 호기심을 불러일으키는 장르나 화제를 발견했다면 그것을 조금씩 깊이 있게 읽어나가는 독서로 옮겨가야 한다.

이러한 독서는 마치 온천 채굴과 같다. 온천 채굴에는 '시험 채굴'과 '본 채굴'의 2가지가 있다. 온천이 나올 만한 장소를 예상해 시험 삼아 그곳을 파나간다. 갑자기 온천이 나오는 경우도 있고, 나오지 않는 경우도 있다. 시험 채굴을 몇 곳 하다가 마침내 온천이 나오는 장소를 발견하면, 안정적으로 온천을 공급하기 위해 크고 두꺼운 구멍을 파서 본격적으로 본 채굴에 들어가게 된다.

온천이란 당신의 흥미와 관심, 호기심을 건드리는 영역이다. 그러한 영역이야말로 당신의 적성, 개성, 특성, 장점 혹은 재능, 숨겨진 능력이 매장되어 있다. <u>당신의 가능성을 끌어낼 수 있는 독서를 하라. 그러기 위해서는 시험 채굴을 반복해서 '이것이다!'라고 생각되는 그 부분을 철저하게 파고드는 본 채굴에 들어가야 한다. 이것이 가장 효율적이면서 자기성장으로 이어질 수 있는 독서법이다.</u>

무엇보다 안타까운 것은 '시험 채굴'을 해서 '온천'이 미량으로 솟아나오고 있는데 그걸 버려두고 다시 쉽게 다음 시험 채굴로 넘어가 버리는 경우다. 가령 《미움받을 용기》를 읽어본 후 '재미있네! 아들러 심리학이 멋지구나'라고 생각했다고 하자. '아들러 심리학이 멋지다'는 관심 안테나가 반응했다는 것은 '이곳에 온천이 있다'는 사실을 발견했다는 뜻이다. 그런데 생각만 하고 아무런 행동도 취하지 않은 채 흘려 넘기고 만다면 아들러 심리학에 대해 좀 더 깊게 알 수 있는 기회를 놓치게 된다.

아들러 심리학에 관심을 느꼈다면 아들러 심리학에 관한 책을 몇 권 더 읽어봐야 한다. 그렇게 본격적으로 파고듦으로써 더욱더 지식은 깊어지고 기억에도 오래 남으며 아들러 심리학을 실생활에서 활용할 수 있게 될 것이다.

또 하나 종종 발생하는 실패 유형이 있다. 그것은 시험 삼아 파보지도 않고 온천이 나올지 안 나올지도 모르는 상황에서 본격적으로 파고드는 것이다. 이것은 큰 시간 낭비 결과를 가져온다.

가령 어떤 직장 선배가 지금까지 책을 별로 읽은 적 없는 신입사원에게 "비즈니스맨이라면 드러커 책 정도는 읽어둬야 해"라고 말했다고 하자. 그 말을 들은 신입사원이 의욕에 넘쳐 '좋아, 당장 드러커 책으로 공부하자!'라고 생각하고 《피터 드러커-매니지먼트》를 사서 읽기 시작한다. 하지만 지금까지 경제경영서를 별로 읽어본 적 없는 그에게는 그 대저를 끝까지 읽는다는 것 자체가 고역이다. 어렵게 다 읽었다 해도 깊은 내용까지 이해할 수는 없을 것이다. 이것이 바로 처음부터 '본 채굴'에 들어가서 실패하는 대표적인 예다.

기초부터 다지고 본격적으로 읽어라

평소 책을 많이 읽는 사람은 갑자기 본 채굴에 들어가도 온천을 파낼 수 있을지는 모른다. 하지만 책 읽기에 익숙하지 않은 사람이나 자신의 관심 영역, 전문 영역이 아닌 책을 읽을 때는 단숨에 본 채굴에 들어가는 것은 좋지 않다.

만일 책을 잘 읽지 않는 사람이 '드러커에 대해서 공부하자!'라고 생각했다면 이와사키 나쓰미가 쓴 《만약 고교야구 여자 매니저가 피터 드러커를 읽는다면》이나 만화와 도해로 알기 쉽게 해설한 드러커 입문서, 해설서부터 시작하는 쪽이 좋다. 드러커 입문서를 몇 권 읽어서 지식의 기초 체력을 기른 다음에 비로소 본격적으로 《피터 드러커-매니지먼트》를 읽어본다. 그러면 보다 깊은 수준으로 이해할 수 있다.

'폭넓은 독서'와 '깊이 있는 독서'. 지금 당신에게 필요한 것은 어느 쪽인가? 책을 고를 때 그 점만 의식해도 자신에게 필요한 책과 만나게 될 가능성이 훨씬 높아진다.

12
장점은 키우고 단점은 보완하는 '성장·극복 독서법'

자신의 장단점을 파악한 뒤 목적을 정해라

사람이 성장하기 위한 2가지 방법으로, '장점 발전'과 '단점 극복'이 있다. 전자는 말 그대로 자신이 잘하는 점을 더 발전시키는 일이고, 후자는 자신이 서투르거나 못하는 점을 극복하는 일이다.

독서로 비유하면 다음과 같이 말할 수 있다.

"장점을 키우기 위해서는 이미 알고 있는 부분을 깊이 있게 다지는 독서(더 알고 싶다)가 필요하고, 단점을 줄이기 위해서는 모르는 부분을 배우고 터득하는 독서(모르는 것을 알고 싶다)가 필요하다."

가령 당신은 스마트폰으로 일정을 관리하기 때문에 매일 엄청나게 쏟아지는 일들도 제 시간 안에 처리하는 데는 자신 있다고 하자. 하지만 필요없는 행동들을 좀 더 줄이고 시간을 더 효율적으로 활용하고 싶다고 할 때 읽어야 할 시간 관리 책이 있다. 한편 당신이 약속 시간에 잘 늦고 서류도 늘 촉박하게 제출하는 등 시간 관리에 느슨한 사람이라면 꼭 읽어야 할 시간 관리 책이 있다. 전자는 '장점 발전'을 목적으로 하고, 후자는 '단점 극복'을 목적으로 한 책이다. 똑같이 시간 관리법을 다룬 책이지만 당연히 두 사람이 읽어야 할 책의 성격은 달라진다.

책을 고를 때는 장점 발전과 단점 극복 중 자신의 목적이 무엇인지를 명확히 해두어야 한다. 단점을 극복하고 싶은 사람은 수파리로 말하면 '수' 단계 책부터 읽어야 하지만, 장점을 발전시키고 싶은 사람은 '파'나 '리' 단계 책을 읽어야 한다.

그렇다면 장점 발전과 단점 극복 중 어느 쪽을 우선해야 할까?

자녀를 교육할 때는 장점을 먼저 발전시켜야 의욕을 북돋울 수 있다. 성공 체험이 거의 없는 아이에게 그 아이가 싫어하는 일만 강요해서는 성장하기 어렵다. 먼저 좋아하는 일, 잘하는 일을 하게 해서 성공 체험을 쌓고 자신감을 길러준 다음 단점을 극복하는 방향으로 나아가야 한다.

독서도 마찬가지다. 독서가 서툰 사람에게는 자신의 단점과 관련된 분야, 자신이 서툰 분야의 책을 읽는 것이 상당히 어렵다. 마음속에 패배의식이 깔려 있어서 끝까지 읽기도 무척 힘들다. 이런 사람은 자신이 관심 있는 장르, 자신이 읽고 싶은 책 영역부터 읽어서 장점을 발전시켜나가자. 그런 다음 책 읽는 습관이 생겨서 어느 정도 심독이 가능해지면 그 후에 단점을 극복하는 데 도전하라! 반드시 멋진 효과가 나타날 것이다.

13
정보와 지식을
골고루 섭취하는
'영양밸런스 독서법'

정보와 지식의 균형을 의식하며 읽어라

  정보란 편의점의 삼각김밥과 같다. 배고플 때 한입 베어 물면 맛있다는 생각이 절로 든다. 이때 섭취한 탄수화물은 우리의 위장을 채워주고 하루 활동을 위한 에너지원이 된다. 한편 지식이란 말하자면 칼슘과 철분 등의 미네랄로, 혈액과 뼈를 만들기 위한 재료다. 오늘 하루 칼슘과 철분을 섭취하지 않아도 사는 데 별 지장은 없지만 장기적으로 부족해지면 골다공증이나 빈혈 같은 질병에 걸리고 만다. 탄수화물과 미네랄, 둘 중 어느 것이 더 중요한가가 아니라 둘 다 중요하다. 어느 것도 섭취하지 않으면 우리는 살아갈 수 없다. 중요한 것은 균형이다.

　오늘을 살아가기 위해 필요한 에너지가 정보이고, 내일을 위해 우리 몸의 일부가 되어 우리를 돕는 것이 지식이다. 영양의 균형이 중요한 것처럼 정보와 지식도 균형이 중요하다. 인터넷만 하고 책을 읽지 않는 것은 반찬 없이 흰 쌀밥만 들어 있는 도시락을 먹는 것과 같다. 스마트폰, 즉 인터넷으로 얻어지는 것 대부분은 정보다. 스마트폰을 달고 사는 사람들은 대부분 정보 과다로 지식 부족에 빠져 있을 것이다.

　영양이 잘 갖춰진 고른 식사를 하지 않으면 우리 몸이 병에 걸리듯 정보와 지식을 고르게 잘 흡수하지 않으면 매우 부자연스러운 상태에 빠진다. 눈앞의 정보에만 사로잡혀서 본질적인 사고와 판단을 할 수 없게 된다. 정보와 지식이 고른 균형을 이루도록 의식하면서 읽을 책과 독서량을 결정하는 것이 '영양 균형 독서법'이다.

　2장에서도 말했듯이 전철에서는 스마트폰을 넣어두고 책을 읽자. 그렇게만 해도 책을 통한 지식 습득 시간이 늘어나고, 상대적으로 스마트폰을 통한 정보 수집 시간이 줄어든다. 이로 인해 정보와 지식을 균형 있게 조절할 수 있다.

독서 포트폴리오의 균형을 맞추는 '분산투자 독서법'

한쪽으로 치우친 독서로는 성장할 수 없다

"책을 읽어도 좋은 결과가 잘 나오지 않아요"라는 말을 종종 듣는다. 사실 책은 그 종류에 따라 바로 결과로 이어지는 책과 좀처럼 결과가 나오지 않는 책이 있다.

투자 세계에서는 이익이 확정되는 시기에 따라 투자 방법이 분류된다. 대체로 하루 사이에 이익이 확정되는 초단기투자, 며칠부터 몇 주 사이에 이익이 확정되는 단기투자, 몇 개월부터 1, 2년간 보유하는 중기투자, 5년 이상씩 보유하는 장기투자 등이 있다.

책을 통해 얻을 수 있는 이점과 자기성장을 '이익'이라고 본다면,

독서는 '투자'라고 볼 수 있다. 그리고 독서 방식과 내용에 따라 이익을 얻는 기간도 달라진다.

예를 들어, 책은 대략 아래와 같이 분류할 수 있다.

초단기투자 : 인터넷 정보, 신문, 주간지.

단기투자 : 노하우 책.

중기투자 : 업무법, 공부법을 다룬 책.

장기투자 : 사상, 철학, 삶의 방식을 다룬 책.

노하우 책을 좋아하는 사람은 노하우 책만 읽고 사상과 철학을 좋아하는 사람은 그 장르만 읽는 경향이 있다. 투자 세계에서는 초단기, 단기, 중기, 장기투자의 상품을 고르게 보유하는 포트폴리오를 권장하는데, 독서 세계에서도 마찬가지다. 단기투자 책만 읽다 보면 다양한 노하우를 익혀 일은 잘할 수 있을지 몰라도, 시간이 지나도 인간으로서의 본질적인 성장은 거두기 어렵다. 사상과 철학 책을 열심히 읽는 사람은 장기적으로 충실한 인간으로 성장해갈 수 있지만, 단기적으로는 눈에 띄는 결과를 얻기 힘들다.

"책을 많이 읽는데도 별다른 성과가 없다"는 사람은 독서 포트폴리오가 한쪽으로 치우쳐 있지는 않은지 생각해보자.

<u>투자 세계와 마찬가지로 독서에서도 단기, 중기, 장기투자의 책을 균형 있게 읽는 노력이 필요하다.</u>

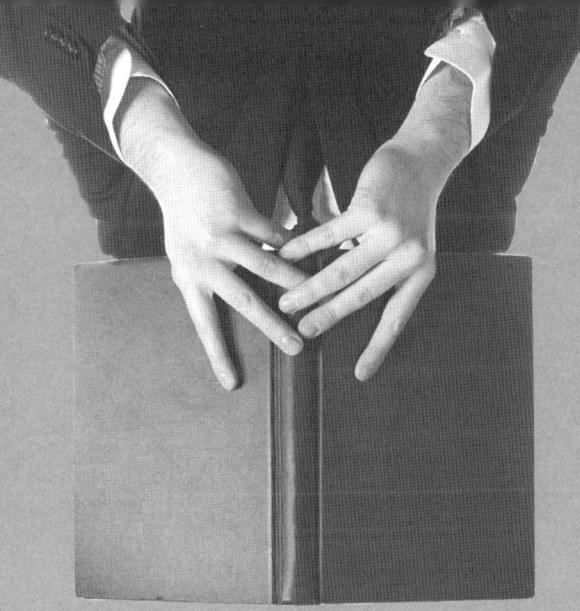

제6장

'읽으면 잊어버리지 않는' 전자책 독서법

책은 가장 조용하고 변함없는 벗이다.
책은 가장 쉽게 다가갈 수 있고,
가장 현명한 상담자이자,
가장 인내심 있는 벗이다.
- 찰스 W. 엘리엇

전자책은
틈새시간을 최대로 활용할 수 있는
시간 절약 도구다.

01
읽을수록 빠져드는 전자책 독서법의 8가지 장점

휴대가 간편한 나만의 작은 도서관

　전자책은 무수히 많은 장점을 가지고 있지만 최대 장점은 역시 간편한 휴대성이다.

　종이책을 한 권에 대략 200그램이라고 하면 2권엔 400그램, 3권엔 600그램으로 권수에 비례해 점점 무거워진다. 당연한 일이지만 그 당연함을 뒤엎는 것이 바로 전자책이다.

　전자책 단말기에는 책을 원하는 만큼 맘껏 담을 수 있다. 가령 킨들(Kindle) 모델의 하나인 페이퍼화이트(Paperwhite)에는 무려 4,000권까지 책을 보관할 수 있다. 또한 용량이 꽉 차서 삭제할지라도 한번 구입한 전자책은 서점 사이트의 클라우드에 보관되어 있어 몇 번이고 다시 내려받을 수 있다. 당장은 읽지 않는 책을 단말기에서 삭제해도 다시 읽고 싶을 때 언제든지 내려받을 수 있다는 말이다. 이는 다른 단말기도 마찬가지다.

전자책 단말기를 가지고 다닌다는 것은 한마디로 자기가 소장한 책 전부를 가지고 다닌다는 뜻이며, 자신만의 전용도서관을 들고 다니는 것과 같다. 이동 중에 가지고 있던 책을 다 읽고 난 후 더 읽어야 할 책이 없어 읽고 싶어도 못 읽는 곤란할 일 따위는 절대 일어나지 않는다는 것이다.

여행 중에도 독서할 기회가 꽤 있다. 그런데 종이책은 여행가방에 책을 단 몇 권만 넣어도 가방이 훨씬 무거워진다. 그럴 때도 전자책 단말기만 있으면 부담이 없다. 몇백 권씩 가지고 다녀도 끄떡없다. 전자책의 등장으로 책 몇 권만 들어도 무거워지는 수고로움에서 해방되었다.

처치 곤란으로 책 버리는 일은 절대 없다

나는 1년에 300권 이상의 책을 읽기 때문에 20년이면 6,000권 이상이 쌓이게 된다. 한 번 읽고 처분하는 책도 있지만 보관하는 책도 많아서 소장한 도서가 몇천 권인지 알 수 없을 정도다. 그 정도로 책을 많이 가지고 있으면 보관하는 데만 상당한 공간을 차지한다.

1년에 300권씩 늘어나는 책을 처분하기란 결코 쉽지 않다. 책을 좋아하는 사람은 두 번 다시 읽고 싶지 않아도 책에 대한 애착이 있어 책을 버린다는 게 심리적으로 상당히 괴로운 작업이다. 이럴 때 전자책은 버리지 않아도 된다는 멋진 장점이 있다. 책들을 정리하거나 책장이나 선반 등 다른 곳으로 들어 옮기는 수고도 필요 없다. 구입해 읽었으면 아무렇게나 내버려뒀다가 필요할 때는 언제든 다시 읽을 수 있다.

<u>책을 버리지 않아도 된다! 구입한 책을 언제까지나 보관할 수 있다!</u> 이것은 책 애호가들에게는 아주 고맙고 훌륭한 전자책만의 장점이다.

저렴하니 많이 읽게 된다

한 달에 책을 몇십 권씩 읽는 사람은 책 사는 데 돈이 많이 들 수밖에 없다. 그러니 아마도 '가능하면 싸게 사서 읽고 싶다!'라고 생각할 것이다. 하지만 할인율이 낮은 종이책 신간을 싸게 사는 데는 한계가 있다. 그러나 전자책은 이제 막 발매된 신간도 종이책보다 싸게 구입할 수 있으며, 출간된 지 조금 지난 구간의 경우는 더 저렴하다. 최근에는 대형 출판사의 전자책시장 진출이 늘고 있고 신간 발매와 동시에 전자책을 발매하는 출판사도 늘고 있다.

종이책과 전자책 가격을 비교했을 때 전자책은 종이책보다 대략

10~50% 정도 싼 가격으로 판매되고 있다. 가령 내가 쓴 책《SNS의 달인이 알려주는 소셜미디어 문장 기술》을 아마존서점에서 조사해보았더니 종이책 정가는 16,200원인데 전자책은 8,570원으로 47%나 저렴했다. 16,000원 이상 되는 책을 10,000원 이하로 살 수 있다는 것은 심리적으로도 매우 편안하다. 꼭 읽고 싶은 책이 있어도 16,200원이면 구입하기 망설여질지도 모르지만 8,570원이면 즉시 구입할 것이다. 한 달 책 구입비를 10만원이라고 치면 15,000원짜리 종이책은 6권밖에 살 수 없지만 10,000원짜리 전자책이면 10권을 살 수 있다.

이렇듯 <u>전자책은 똑같은 도서를 구입하더라도 종이책보다 저렴해 독서량을 30~40% 향상시킬 수 있다.</u>

배송 기다리느라 목 빠질 일 없다

온라인서점에서 책을 구매하면 도착 예정일을 따져봐야 한다. 재고가 있을 경우 대부분 다음날이면 도착하고, 당일 배송을 선택할 경우 오전에 주문하면 오후에 받을 수도 있다. 그러나 전자책은 그보다 빠르다. 구입한 직후 바로 읽을 수 있으니 말이다. 기다리기 싫어하는 사람들에게는 이 또한 굉장한 장점이 된다.

'이 책 읽고 싶다!'라고 생각한 순간이 그 책에 대한 관심, 기대치가 가장 높은 순간이다. 이때 전자책으로 구입하면 다운로드 시간을 다 합쳐도 1분 후에는 책을 읽을 수 있다. 그리고 뇌에서 도파민이 분비되는 그 순간에 읽을 수 있어 기억에도 훨씬 더 잘 남게 된다. 읽고 싶을 때 바로 주문해서, 바로 읽고, 바로 문제를 해결할 수 있다. 이러한 속도감이 생각의 속도와 문장을 쓰는 속도를 높여준다.

언제든 원할 때 다시 읽을 수 있다

'그 책 어디 있더라?' 하고 찾았지만 좀처럼 눈에 보이지 않았던 경험은 누구나 한 번쯤 있을 것이다. 더욱이 나처럼 많은 양의 도서를 보유하고 있다 보면 책 찾는 데 시간을 낭비하는 일이 종종 발생한다. 최악의 경우는 필요한 책을 아무리 찾아도 보이지 않아서 같은 책을 한 번 더 구입하는 경우다. 시간과 돈, 이중의 손실이다.

그러나 전자책이면 필요한 책을 단번에 검색할 수 있어 책을 찾지 못하거나 책 찾는 데 시간이 걸릴 일이 없다. 또한 외출 중에 '그 책의 어느 부분을 다시 읽고 싶다'라고 할 때 가지고 있는 단말기를 펼쳐서 그 책의 해당 부분을 바로 검토할 수 있다. 자신이 소장한 책을 전부 가지고 다닐 수 있기 때문이다.

'언제나 원할 때 다시 읽을 수 있다.'

이것은 전자책이 가지고 있는 굉장한 장점이다.

사전, 법령, 매뉴얼처럼 몇 번 반복해서 볼 필요가 있는 책은 특히 전자책이 편리하다. 몇백 페이지나 되는 종이책은 책상으로 들고 와서 펼치는 데만도 보통 일이 아니기 때문이다.

언제 어디서나 '형광펜 독서법'이 가능하다

나는 종이책을 읽을 때 형광펜으로 줄을 그으면서 읽는데, 짐을 든 상태에서 만원 전철을 타면 한 손밖에 사용할 수 없는 데다 공간적인 문제 때문에 '형광펜 독서법'을 할 수 없는 경우도 있다. 그럴 때는 페이지 모서리를 접어두고 나중에 밑줄을 표시하는 이중 작업을 해야만 한다.

그러나 대부분의 전자책 단말기나 스마트기기용 전자책 어플은 하이라이트 기능을 가지고 있다. 본문을 읽다가 마음에 드는 구절이 나오면 손가락으로 드래그만 해도 줄이 그어지거나 형광펜처럼 칠해 둘 수 있다. 이 기능이 매우 편리하다. 펜 색상 선택도 가능한 단말기라면 여러 가지 색을 선택해 중요도를 표시하거나 하이라이트한 부분을 일람해서 '명언집'처럼 다시 읽을 수 있어 복습하기도 쉽다. 책을 다 읽은 후에 하이라이트 부분만 1분 정도 다시 읽어본다면 그것만으로도 '아웃풋 1회'에 해당하므로 잊어버리지 않는 독서를 할 수 있다.

밑줄을 쉽게 긋고, 복습하기도 간단하다. 이것은 전자책 독서의 큰 즐거움이자 장점이다.

만원 전철에서도 편안하게 즐겨라

틈새시간에만 한 달에 30권을 읽는 나에게 전철로 이동하는 시간은 가장 중요한 독서 시간이다. 그런데 만원 전철에서 종이책을 읽기란 상당히 불편하다. 양손이 비어 있으면 몰라도 한 손에 짐을 들고 있는 경우 한 손으로만 페이지를 넘길 수가 없다.

그때는 전자책 단말기 혹은 전자책 어플이 담긴 스마트기기가 상당히 편리하다. 한 손으로 잡고 페이지 넘기기도 한 손으로 할 수 있다. 공간을 차지하지 않고 읽을 수 있어 남에게 민폐 끼칠 일도 없다. 만원 전철처럼 책을 읽기 힘든 환경에서도 전자책만 있으면 얼마든지 독서를 편하게 할 수 있는 것이다.

노안도 쾌적하게 읽을 수 있다

나처럼 노안이 오는 나이쯤 되면 작은 글씨로 쓰인 책은 읽기가 매우 힘들다. 무리해서 읽다 보면 눈이 쉽게 피로해지면서 침침해지기도 한다. 이럴 경우 전자책이 매우 편리하다.

전자책은 글자 크기나 행간을 자유롭게 조절할 수 있다. 자신이 읽기 쉬운 사이즈로 키울 수도 있고, 글꼴도 명조체든 고딕체든 원하는 대로 다양하게 선택할 수 있다. 또한 본문 여백이나 줄 간격 등의 세세한 부분까지도 원하는 대로 설정이 가능하기 때문에 나만의 쾌적한 독서가 가능하다.

국어에 관한 여론 조사 결과에 따르면, 독서량이 줄어든 이유 가운데 2위는 '시력 등 건강상의 이유'(34.4%)가 차지했다. 만일 많은 중장년층이 노안으로 인한 시력 저하를 이유로 책을 잘 읽지 않게 되었다면, 전자책이 중장년층의 독서량을 끌어올리는 하나의 대안이 될 수 있을 것이다. 자신이 원하는 독서 환경을 자유자재로 설정할 수 있는 전자책만 있다면, 돋보기 없이도 충분히 독서를 즐길 수 있다.

종이책과 전자책의 장점만 뽑아내는 '쌍검 독서법'

단점을 알아야 극복도 가능하다

지금까지 살펴봤듯이 전자책은 많은 장점을 가지고 있지만, 반면에 단점도 있다.

전자책의 최대 단점은 책 전체를 단박에 훌훌 넘겨볼 수 없다는 점일 것이다. 따라서 이 책에서 말한 '훌훌 독서법', '순간이동 독서법'을 할 수 없거나 또는 하려고 해도 종이책에 비해 매우 불편하다. 세세하게 읽을 필요가 없는 책을 적당히 넘겨가면서 중요한 부분만 읽는 게 어렵다. 전자책에서는 기본적으로 한 페이지씩 넘어가는데, 빠르게 대충 훑어보려면 페이지 하단에 있는 슬라이더 등을 이용해 페이지를 이동할 수밖에 없다.

책을 읽다가 갑자기 '이 책의 결론은 뭘까?'라는 생각이 들면 종이책은 훌훌 넘겨보며 책 뒷부분으로 건너뛰면 대부분 30초 이내에는 '이 부분일 것이다'라는 감을 잡을 수 있다. 그러나 전자책은 그 특성상 '순간이동 독서법'이 어렵고 종이책보다 시간이 더 걸린다. 또한 다시 읽고 싶은 부분이 있어서 '그 내용은 어디 쓰여 있더라?'라고 찾을 때도 종이책은 술술 넘기면 10초도 안 걸리고 찾아낼 수 있는 반면에 전자책은 그럴 수 없다. 2, 30초는 걸리기 때문에 찾다가 짜증나거나 조급해지는 경우가 있다.

때문에 나는 전자책을 읽다가 나중에 다시 읽고 싶은 곳에는 전부 하이라이트 표시를 해둔다. 그런 다음 필요할 때 하이라이트가 표시된 부분만 모아놓은 것을 한 번 쭉 훑어보고 나서 원하는 페이지로 이동한다. 혹은 검색 기능을 이용해 단어나 말의 일부를 입력해서 원하는 페이지로 이동한다.

전자책에도 단점은 있지만 전자책에 익숙해지면 그것을 극복할 만한 아이디어나 독서법이 생겨날 것이다.

종이책과 전자책을 이중 활용하라

나는 외출할 때는 반드시 종이책 한 권을 가방에 넣어두고 전철 등지에서 읽는다. 아주 두꺼운 서양 번역서 등을 제외하고 보통의 자기계발서는 약 2시간도 걸리지 않고 읽을 수 있다. 따라서 전철로 장시간 이동할 경우에는 책이 없는 불상사도 생겨서 틈새시간을 효율적으로 활용할 수 없다. 그렇다고 해서 종이책을 2권 정도 가방에 넣으면 부피도 커지고 무게도 꽤 된다. 그래서 나는 종이책 한 권과 전자책 단말기를 가방 속에 넣어두고서, 종이책을 먼저 읽은 다음 전자책을 읽는다.

돌아가는 전철에서는 피곤하고 지친 경우가 많아서 가지고 다니는 두툼한 종이책보다는 다른 책을 읽고 싶을 때가 있다. 그때도 전자책이라면 많은 책 중에서 지금 가장 읽고 싶은 책을 골라 읽을 수 있다. 내게는 '지금 가장 읽고 싶은 책'을 읽음으로써 기억에 남기는 '두근두근 독서법'이 가능한 절호의 기회다.

쌍검을 사용하는 무사처럼 종이와 전자책을 양손에 들고 읽는 쌍검 독서법은 틈새시간을 허투루 쓰지 않는다는 의미와 기억을 높인다는 이중의 의미에서 상당히 효과적인 독서법이다.

03
해외 도서 독자를 위한
'카바사와식 킨들 독서법'

해외 도서를 많이 읽는 당신을 위한 독서법

    이번에는 영미 도서나 독일 도서, 일본 도서 등 해외 도서를 직접 구입해 원서로 읽고자 하는 사람들을 위한 아마존 전자책 이용법을 알려주려고 한다. 아마존 전자책 단말기인 킨들 선택법과 내가 실제로 매일 사용하고 있는 하이라이트 활용법 및 숨은 기능까지 모두 소개하겠다.

    가령 킨들을 기기로 가지고 있지 않아도 스마트폰이나 태블릿으로 킨들 무료 어플을 다운로드하면 킨들 전자책을 읽을 수 있다. 또한 PC로도 전자책을 읽을 수 있으니 꼭 한 번 체험해보기 바란다.

페이퍼화이트 vs 파이어, 어느 쪽이 좋을까?

킨들로 독서를 시작하려 할 때 맨 처음 부딪치는 벽이 '페이퍼화이트(Paperwhite)'와 '파이어(Fire)' 모델 중 어느 것을 구입하느냐다.

페이퍼화이트는 흑백으로만 표시되고 매우 가볍다. 한편 파이어는 컬러로 표시되며 태블릿이라 인터넷 열람도 가능하고 카메라 등 기능이 다양해 편리하지만 다소 무거운 것이 단점이다.

킨들을 구입하려는 사람들은 페이퍼화이트와 파이어 중 어느 쪽을 선택할 것인지 몹시 갈등하게 된다. 일단 구입하기 전에 반드시 실물을 보고 손에도 쥐어본 후 결정하는 편이 좋을 것이다.

그러나 미국, 일본, 영국, 독일처럼 아마존이 입점해 있지 않은 한국의 경우 직접 구입은 쉽지 않다. 가장 좋은 방법은 판매하는 그 나라에 가서 직접 보고 만져본 후 구입하는 것이지만, 여의치 않을 경우 아마존 사이트를 통해 직접 구매하는 방법도 있고, 국내에 있는 해외 구매 대행업체를 이용하는 방법도 있다. 그 방법들은 인터넷을 검색하면 킨들 사용자 카페나 개인 블로그 등에 구입 후기나 사용 후기가 자세히 실려 있으므로 그것을 참조하자. 그밖에 궁금한 점이 있을 때엔 쪽지나 게시판에 질문 글을 남기면 한국 내 킨들 유저들이 친절하게 답변을 달아주기 때문에 쉽게 정보를 얻을 수 있을 것이다.

중요한 것은 '단말기의 무게'다. 독서란 30분, 1시간씩 계속되는 경우도 있어서 30분간 계속 손에 들고 있어도 피로하지 않는 무게여야 한다.

페이퍼화이트는 그 무게가 약 200그램으로, 문고책 한 권의 무게와 거의 같다. 가벼운 편이라 한 손으로 계속 들고 있어도 전혀 피로해지지 않는 무게라고 할 수 있다. 나는 킨들 파이어를 사용하고 있는데 손으로 들면 조금 무겁지만 무릎에 얹어놓거나 받침대를 이용해서 지지해두면 무게를 느끼지 않고 읽을 수 있다.

아이패드(iPad)나 서페이스(Surface) 같은 태블릿은 백라이트 기능이 탑재되어 있는 데 반해서 페이퍼화이트는 프런트라이트 방식이 채택되어 있어 밝은 실외에서도 글자가 잘 읽힌다는 장점이 있다. 미국인들의 경우 풀사이드(poolside)에서 독서를 많이 하기 때문에 킨들 발매 초기에는 햇빛이 강한 옥외에서도 읽기 쉬운 페이퍼화이트가 불티나게 팔리기도 했다.

한편 페이퍼화이트는 흑백으로 표시되기 때문에 글자만 읽을 때는 좋지만, 사진집이나 컬러 도판이 들어 있는 전자책을 즐길 수 없다는 단점이 있다.

어디에서 읽을 것인가? 어떤 책을 읽을 것인가? 항상 가지고 다닐 것인가? 단말기를 사용하는 TPO(언제, 어디서, 어떤 경우에)를 확실히 하면 '페이퍼화이트'와 '파이어' 중 어느 쪽을 사용해야 하는지 판단이 설 것이다. 참고로 나는 스마트폰도 태블릿도 가지고 있지 않기 때문에 태블릿 기능이 있는 킨들 파이어를 이용하고 있다.

전자책의 묘미 '하이라이트' 기능

전자책 단말기에는 여러 가지 기능이 있는데 그 기능들 중에서 가장 편리한 기능이자 내가 가장 잘 활용하는 기능이 바로 '하이라이트'이다.

앞서 말했듯이 하이라이트란 책에 형광펜으로 밑줄을 긋는 느낌으로 전자책 위에 줄을 긋는 기능이다. 킨들 파이어에서는 빨강, 파랑, 노랑, 주황의 4색에서 선택할 수 있다. 하이라이트하고 싶은 부분을 손가락으로 긋고 색을 선택하기만 하면 돼서 아주 간단하다. 그리고 나중에 하이라이트 부분만 따로 모아 읽을 수도 있다.

전자책을 읽으면서 '이 부분 재미있다!', '이 내용은 꼭 실천해봐야 한다!'라는 영감이 떠올랐을 때 나는 재빨리 하이라이트 기능을 사용한다. 종이책은 밑줄을 긋고 싶어도 펜이 없으면 줄을 그을 수 없고, 복잡한 전철에서 줄을 긋고 있기도 쉬운 일이 아니다. 그러나 전자책은 밑줄 그으면서 기억에 남기는 '형광펜 독서법'이 언제 어디서나 가능하다. 또한 이렇게 표시한 하이라이트 부분은 자신의 PC로 전송할 수도 있고, 페이스북이나 트위터에 공유하거나 소개할 수도 있다.

'하이라이트 독서법'의 가장 큰 장점은 언제 어디서나 쉽게 다시 볼 수 있다는 것이다. 비단 킨들뿐만 아니라 전자책 단말기만 가지고 있으면 3분의 틈새시간에 최근 읽은 책을 복습할 수 있는 것이다.

킨들을 이용해 무료 소설 즐기기

킨들에서는 통상적인 유료 서적 외에도 무료판으로 제공되는 책들이 많다.

일본 아마존에는 나쓰메 소세키의 《마음》, 《나는 고양이로소이다》, 《도련님》, 다자이 오사무의 《인간 실격》 등이 항상 무료판 랭킹 상위에 올라 있다. 또한 미국 아마존에는 제인 오스틴의 《오만과 편견》, F. 스콧 피츠제럴드의 《위대한 개츠비》, 찰스 디킨스의 《크리스마스 캐럴》, 조너선 스위프트의 《걸리버 여행기》 같은 인기 고전 소설이 무료로 제공되고 있으니 꼭 한번 이용해보기 바란다.

나는 소설이야말로 전자책으로 즐기기 가장 편한 장르라고 생각한다. 재미에 빠져 한 글자 한 구절 읽어나가다 보면, 페이지 넘길 때도 리듬감이 생겨서 어느덧 읽는 속도가 향상된다.

킨들 단말기 없이 킨들 전자책을 읽는 방법

나는 지금까지 킨들 전자책을 10권 정도 출판했다. 새로운 전자책을 낼 때마다 페이스북에 소개하는데 "이 책을 읽고 싶은데 킨들 단말기가 없어서 읽을 수가 없어요"라는 댓글을 자주 본다.

킨들 전자책은 킨들 단말기가 없어도 읽을 수 있다. 그런데 이 사실을 모르는 사람이 많다.

킨들이 없어도 스마트폰이나 태블릿, PC 가운데 한두 가지는 가지고 있는 사람이 많을 것이다. 킨들 무료 어플을 다운로드하면 모든 스마트폰, 태블릿, PC로 킨들 전자책을 읽을 수 있다. 그 가운데 최근에는 킨들 전자책을 PC로 읽을 수 있도록 'Kindle for PC'가 제공되었다. 이것은 사용에 제한이 없는 프리웨어라서 영어 소설, 일본 소설 외에 모든 킨들 전자책을 읽을 수 있다. 단 'Kindle for PC'는 윈도우즈 전용이고, 매킨토시 사용자는 'Kindle for Mac'을 다운로드하기 바란다. 다운로드 페이지는 구글에서 검색하면 바로 알 수 있다.

  전자책 단말기가 없어도 스마트폰과 태블릿, 그리고 PC에서 전자책을 읽을 수 있는 시대가 되었다. 이로 인해 독서 인구가 더욱더 늘어나기를 기대해본다.

제7장

'읽으면 잊어버리지 않는' 책 구입법

낡은 외투를 그냥 입고
새 책을 사라.
- 오스틴 펠프스

1,000만 원이면 약 1,000권의 책을 읽을 수 있다.
한 달에 약 10권씩 10년분이다.
그렇다면 1,000권의 결정화된 지식은
당신에게 얼마만큼의 '부'를 가져다줄까?

01
나만의 연간 독서 예산을 확보하라

'본전을 뽑겠다'라고 생각하지 마라

'책을 사려고 했는데 비싸서 못 샀다'라는 경험이 누구나 있을 것이다.

지금 지갑 안에 30,000원밖에 없다면 10,000원짜리 책을 사는 데 주저할지 모른다. 하지만 지갑에 30만원이 들어 있고 눈앞에 읽고 싶은 15,000원짜리 책이 있다면 대부분 그 책을 살 것이다.

당신이 읽고 싶었다는 것은 당신의 직감이 작동했다는 증거다. 잠재의식이 '읽어라!'라고 지령을 내린 책이므로 읽어야 한다. 그리고 읽고 싶다고 생각한 그 순간에 바로 구입해 읽는 책이야말로 가장 내용을 잘 흡수할 수 있고 자기성장의 양식이 된다. 그처럼 귀중한 한 권을 비싸다는 이유로 포기해선 안 된다. 지적인 자기투자에는 절대 인색해서는 안 된다. 독서는 10년 복리의 정기예금과 같기 때문에 나중에 반드시 많은 이자가 붙어서 돌아올 것이다.

당신이 그냥 그런 책밖에 읽지 않는다면 앞으로의 성장도 그냥 그런 수준일 수밖에 없다. 당신은 지금 여기 있는 이 책이 정말 '12,000원의 가치가 있을까 없을까'를 생각하기 때문에 살지 말지를 고민하는 것이다. 책을 사다 보면 제대로 선택한 책도 있지만 잘못 선택해서 꽝 되는 책도 있을 수밖에 없다. 따라서 100% 꽝을 피하기란 불가능하다. 그러므로 '책 한 권마다 본전을 챙기겠다'는 생각을 갖기보다는 다 합쳐서 본전을 챙길 수 있으면 된다.

나는 '1년에 300만원의 예산으로 300권의 책을 읽고 10권의 홈런 책을 만나면 된다'라고 생각하고 있다. 다시 말해 책을 사기 위한 연간 예산을 결정짓는 것이다. 비싼 책도 싼 책도 있고, 문고책도 잡지도 있으며, 전자책도 있으므로 대략 평균해서 책 한 권에 10,000원이라고 하자. 이때 100만원의 예산이 있으면 100권을 읽을 수 있다. 연간 100권을 읽으면 독서인구 중 상위 몇 %에 들어가는 엄청난 다독가다.

먼저 독서 예산으로 월 10만원씩 연간 120만원을 확보하자! 가령 5만원권 지폐 24장이 들어가는 부티 나는 지갑을 준비하는 것이다. 그러면 '이 책은 12,000원의 가치가 있을까?'를 일일이 생각할 필요가 없다. '사고 싶으면 사자!', '이 책은 나에게 필요하니까 사자!'라고 생각하고 바로 행동하게 된다. 당신의 직감이 100% 그대로 구매로 연결된 결과다.

연간 예산을 정해서 책을 구입하는 방법은 책을 사는 데 훨씬 마음이 여유롭다. 결과적으로 엄청난 다독가로 성장해나가기 때문에 홈런책과 만날 확률도 그만큼 높아진다.

한 달에 10만원, '사이버머니 작전'이란?

'한 달에 10만원, 연간 120만원을 도서 구입비로 확보하자!'라고 했지만 책만 사는 지갑을 따로 만들어 가지고 다니는 게 귀찮을 수도 있다. 또 용돈기입장처럼 책을 한 권씩 살 때마다 기록하고 집계하는 것도 번거롭다.

그래서 간단하게 도서 구입비를 관리하는 방법이 있다.

책을 살 때 오프라인서점에서 사는 경우도 있지만, 온라인서점에서 사는 사람도 많을 것이다. 내 경우에는 80~90%를 온라인서점에서 사고, 잡지나 오늘 꼭 읽고 싶은 책은 직접 오프라인서점을 방문해 구입한다.

각 온라인서점에는 충전을 통해 생성된 사이버머니를 현금처럼 자유롭게 사용할 수 있는 회원 전용 계좌가 있다. 즉, 신용카드, 휴대폰 결제, 온라인 송금 등의 방법으로 서점 사이트의 계좌에 돈을 넣어둔 후 구입할 때마다 책값을 공제해나가는 방식이다. 내 경우에는 먼저 아마존서점의 기프트권을 구입해서 나만의 계좌, 즉 '아마존 어카운트'에 넣어둔 다음 책을 살 때마다 공제해나가는 식으로 사용하고 있다. 이렇게 하면 살 때마다 매번 신용카드나 온라인 송금 등으로 결재하지 않아도 돼서 '돈을 지불하고 있다'는 부담감이 적어져 편하게 읽고 싶은 책을 읽고 싶은 만큼 구매할 수 있다. 가령 30만 원은 3개월분 도서구입비다. 그러므로 3개월에 이 예산 안에서 원하는 만큼 책을 구입하면 되는데, 실제로 3개월에 30만원의 예산을 다 소비하기란 쉽지 않다. 물론 구입한 이상 읽어야만 하고, 그저 읽고 마는 것이 아니라 아웃풋도 반드시 해야 한다.

한 달에 10권 기준으로 읽으려면 3일에 한 권은 읽어야 하기 때문에 만만치 않은 목표치다. 일반적으로는 그만큼 읽는 게 결코 쉽지 않기 때문에 좋아하는 책을 원하는 만큼 읽음으로써 충족감과 만족감을 맛볼 수 있다. 아울러 지금까지 '이 책 살까, 말까'로 갈등했던 시간과 정신적 노력이 얼마나 큰 낭비였는지, 책을 읽지 않아서 얼마나 많은 기회를 잃었는지에 대해서도 실감할 수 있을 것이다. 참고로 나의 아마존 어카운트에는 항상 50만 원 이상의 금액이 들어있다.

02
책을 살 때는 빨리 결정하고 즉시 실행하라

구매 여부는 1분 안에 판단하라

책을 구매하기 전에 살까 말까로 고민하는 사람이 많을 것이다. '괜히 이상한 책을 사면 돈만 아깝지 않을까'라는 생각이겠지만, 내 입장에서 보면 지나친 고민은 시간 낭비다.

나는 책을 살지 말지는 1분 이내에 결정한다.

온라인상에서 다른 사람의 책 추천글을 읽고 재미있겠다고 생각된 책이 있으면 즉시 서점 사이트에 접속해 확인한다. 목차를 보고 '내가 알고 싶은 것이 쓰여 있는지'를 확인한 후 나 자신의 목적에 부합되는 책이라고 판단되면 즉시 구입한다. 이 작업에 필요한 시간은 약 1분 정도다.

다만 '살까 말까?', '지금 나에게 꼭 필요할까?', '내가 알고 싶은 내용이 쓰여 있는지 목차와 리뷰로는 알 수 없는' 경우도 있어서 구입이 망설여질 때가 있다. 그때는 위시리스트나 보관함(카트)에 찜해두고 구입을 보류하는 방법도 있다. 역시 이 경우도 판단하기까지 소요되는 시간은 1분이다. 물론 온라인서점에서 1분 정도 탐색한 후 '사지 않겠다'라고 판단하는 경우도 있다.

책을 살지 말지 갈등하는 것 자체가 시간 낭비다. 책을 살지 말지는 1분 안에 결정하라는 이야기다. '산다', '보류한다', '사지 않는다' 가운데 하나를 결정한다. 당장 결정하기 힘들면 일단 보류해놓고 보관함이나 위시리스트에 넣어 찜해둔 후 나중에 다시 검토하자.

보관함 리스트를 전부 활용한다

온라인서점에서 책을 고를 경우 직접 볼 수 없기 때문에 살지 말지 헷갈리는 경우가 있다. 그러나 서점에서 직접 책을 보면 그것이 자신에게 필요한 책인지 아닌지 1분 안에 판단할 수 있다.

보관함 혹은 위시리스트에 찜해둔 책은 기억에 남기 때문에 서점에 갔을 때 '이 책 온라인서점에서 본 책이다!'라고 바로 반응하게 된다. 실물을 직접 확인한 뒤 필요하면 사고 필요하지 않으면 사지 않는다. 이 절차를 밟으면 불필요한 책을 구입할 확률이 훨씬 줄어든다. 혹은 한 달에 한 번 정도는 보관함에 찜해놓은 책들을 정리한다. 리스트에 넣고 나서 1, 2개월이 지나 다시 한 번 리스트를 확인한다. 그러면 각각의 책에 대해서 사고 싶은지 아닌지를 즉시 판단할 수 있게 된다.

<u>한 달이 지나도 사고 싶은 책, 읽고 싶은 책은 당신에게 꼭 필요한 책이다. 직감이 그렇게 가르쳐주고 있기 때문에 사야 한다.</u>

실제로 나는 한 달이 지나면 보관함에 찜해둔 책 가운데 80~90%는 사고 싶지 않다는 생각이 든다. 한 달 정도의 냉각 기간을 둠으로써 냉정하게 생각할 수 있고, '지금 나에게 필요 없다'라는 판단이 생겨 불필요한 책 구입을 줄이는 데 도움이 된다.

03 책을 정기적으로 분류해서 정리하라

책은 세 종류로 분류된다

　책 구매 방법과는 조금 빗나가지만 '책 정리 방법'에 대해서 설명하겠다. 책을 구매하는 것만큼 정리하는 것 역시 중요하기 때문이다.

　나는 책을 한 달에 30권 정도 읽기 때문에 1년이면 300권 이상은 읽는다. 최근에는 전자책으로 나온 것은 가능하면 전자책을 사려고 하지만, 그래도 약 3분의 2는 종이책이라서 200권은 종이책으로 읽는 셈이다. 그런데 200권이라는 것은 쌓아보면 알겠지만 부피가 상당하고, 장소도 꽤 많이 차지한다. 그러니 정기적으로 정리하지 않으면 언젠간 책더미에 파묻힐 수도(?) 있다.

내가 읽는 책은 주로 세 종류로 분류된다.

① 일과 관련된 책.
② 두 번 이상 읽어야 할 책.
③ 한 번 읽으면 충분한 책.

①은 정신의학, 뇌 과학, 심리학에 관한 책인데, 이 책들은 나중에 책이나 원고를 쓸 때 다시 읽거나 인용할 수 있어 보관해둘 필요가 있다. ②는 다시 말해 '심독'으로 읽는 책이다. 몇 번이고 다시 읽어야만 깊은 부분까지 이해할 수 있는 책, 혹은 시간을 두고 몇 차례 다시 읽음으로써 새로운 발견이 얻어지는 책이다. ③은 '속독'으로 30~60분이면 읽을 수 있는 책이다. 즉 한 번만 읽어도 핵심을 파악할 수 있는 책이다.

이 세 종류 가운데 ③은 장기간 보존하지 않아도 되는 책이므로 불가피하게 정리가 필요할 때에는 ③을 처분한다.

책을 처분하기 위한 방법으로는 중고서점, 옥션 등에 내놓거나, 프리마켓 등에서 판매하는 방법 또는 과감히 버리는 방법이 있다. 잡지 같은 경우는 필요한 페이지만 잘라내서 보관하면 처분하기 쉬워진다. 그러나 버린다는 것은 그 자체로 어렵다. 버리려다가도 갑자기 아까운 생각이 들거나 애착이 생겨서 버릴 수 없게 될 때도 있다.

책을 선물하고 얻을 수 있는 것

나는 책을 사랑하기 때문에 책을 버리는 것이 너무나 괴롭다. 그래서 결국 버리지도 못하고 더는 놓아둘 수 없을 만큼 쌓일 때가 많다. 이와 같이 책을 정리하고 처분할 때의 주된 방법을 '버리기'로 설정해버리면 결국 남몰래 눈물을 훔치거나 혹은 책이 갈수록 쌓여가는 문제에 직면한다.

그래서 나는 버리지 않고 대신 남에게 선물하기로 했다.

한 예로 내가 주재하는 '웹 심리' 모임에 50권 정도 가지고 가서 "이 책을 선물하겠습니다. 원하는 사람은 한 사람당 한 권씩 가져가세요"라고 말한다.

그러면 책이 순식간에 없어져버린다.

"이 책 읽고 싶었던 책이에요!", "이 책 재미있어 보여요!", "이렇게 좋은 책을 거저 받아도 되는 겁니까?"라며 모두들 정말 즐거워한다. 정리할 책을 다른 사람에게 선물해서 기쁨을 줄 수 있다면 그것도 나로선 뿌듯한 일이다. 두 배로 활용되는 것이므로 책 또한 기쁘지 않을까!

가령 화술책을 다 읽고 나면 말이 서툴러 고민하는 A씨에게 선물한다. 그러면 "저를 위해 일부러 선물해주시다니 감사합니다!"라며 감격해한다. 창업 방법에 대한 책을 읽고 나면 '그러고 보니 B씨가 창업 준비를 하고 있었지' 하며 그에게 선물한다. 그러면 "마침 이런 책을 읽고 싶었어요!"라며 진심으로 고마워한다. 이처럼 그 책을 가장 잘 활용해줄 사람에게 선물하면 상상 이상의 고맙다는 인사를 받는다. 그러면 나는 또 반대로 그들의 반응에 황송하기 그지없다.

책을 선물하면 '쉽게 버리지 못하고 책이 쌓여가는 상황'에서 벗어남과 동시에, 그 책이 필요한 다른 사람에게 도움을 주는 기쁨을 맛볼 수 있다. 다음번에 만났을 때 "그 책 어땠어요?"라고 감상평을 물으면 그 책에 대한 대화로 이야기꽃을 피울 수 있다. 자신이 책에서 얻은 깨달음을 사람들과 공유할 기회가 늘어나는 것도 책을 선물할 때 얻을 수 있는 장점이다. 꼭 한 번쯤 다른 사람에게 책을 선물하는 기쁨을 경험해보기 바란다.

에필로그

당신의 인생을 변화시킬 최강의 카드는 독서다

인생에는 무한한 가능성이 펼쳐져 있다

'내 인생을 개척하고 싶다!', '월급을 더 많이 받고 싶다!', '행복해지고 싶다!'……

당신도 이렇게 생각하고 있을지 모른다. 그러나 무엇을 어떻게 하면 좋을지 모르겠다는 사람이 대부분이다.

저출산, 고령화, 인구 감소와 경제 축소, 빈곤층 확대, 증세, 연금 파탄, 경제 파탄…… TV를 보면 온갖 부정적인 정보들만 마구 흘러나오니 장래가 비관적일 수밖에 없다. 앞날만 생각하면 가슴이 답답해지고 기분이 한없이 가라앉는다.

그러나 당신이 성장한다면 대부분 모두 해결될 문제들이다. 저출산, 고령화가 가속화되고 경제가 침체 돼도 스스로 고난에 처하지 않도록 준비만 철저히 해두면 된다. 아니 그보다도 스스로 준비하지 않으면 안 된다.

책을 읽어라. 그러면 당신이 어떤 준비를 해야 하는지 알 수 있다.

당신의 미래는 암흑이 아니다. 빛나는 미래가 당신을 향해 열려 있다. 당신의 미래를 열어줄 수 있는 것은 2천년 이상의 역사를 지닌 지혜의 결정체 '책'을 통해 얻어지는 지식이다. 방법만 안다면 당신의 인생은 얼마든지 달라질 수 있다. 그리고 인생을 변화시키는 방법을 가르쳐주는 것이 바로 책이다.

당신의 미래에는 무한한 가능성이 펼쳐져 있다. 그러나 모든 가능성을 실현하기 위해서는 인생의 선택지를 늘려야 한다. 당신 인생의 선택지를 늘려주는 것 역시 책이다. 독서로 얻은 깨달음을 실천할 수만 있다면 당신의 성장 속도는 더욱더 빨라진다. 지금보다 몇 배 더 성장할 수 있다. 그로 인해 당신의 미래는 '희망 없는 미래'에서 희망과 가능성으로 빛나는 '행복한 미래'로 바뀔 것이다.

혼자 힘으로는 인생을 변화시키기 힘들다. 혼자 해결하려다 보면 수많은 고난에 직면하게 되고, 일이 잘 풀리지 않으면 비관하고 절망한다. 한 인간의 경험과 지식은 보잘 것 없다. 하지만 독서를 통해 선각자와 위인들의 '2천년 이상의 역사를 지닌 지혜의 결정체'가 지닌 힘을 빌린다면 불가능한 일 따위는 없다.

일 문제든 인생 문제든 그 해결책은 대부분 책에 담겨 있다. 남은 것은 책을 읽은 당신이 그것을 실행에 옮기느냐 옮기지 않느냐에 달려 있을 뿐이다.

독서는 '최후의 카드'다. 또한 당신의 인생을 변화시킬 '최강의 카드'다. 그 카드를 한 권에 10,000원 조금 넘는 돈으로 손에 넣을 수 있는데 이용하지 않는다는 건 말도 안 된다.

독서는 습관이다. 책 읽는 습관을 익히자. 그러면 문제 해결 능력이 현격히 높아진다. 지금까지 고민했던 문제가 속속 해결되고 스트레스에서도 해방된다. 인풋과 아웃풋, 그리고 자기성장의 소용돌이 속에 들어가기만 한다면 하루하루가 참을 수 없을 만큼 즐거울 것이다. 부디 독서를 습관화해서 무한한 가능성을 손에 쥐기 바란다. 그러기 위한 방법론, 자기성장을 가속화하고 책을 읽으면 10년이 지나도 잊어버리지 않는, 내가 실천하고 있는 독서법을 전부 이 책에 낱낱이 담았다.

정신과 의사인 내가 책을 쓴 진짜 이유

나는 지금까지 정신과 의사로서 '읽으면 잊어버리지 않는' 독서에 초점을 맞추고, 최신 연구에 근거한 뇌 과학적으로 입증된 독서법을 소개해왔다. 이것은 내가 하루하루 실천하고 있는 생활습관이자 나의 생활방식, 삶의 모습이기도 하다.

나는 정신과 의사로서 하나의 미션을 가지고 있다.

갈수록 늘고 있는 자살과 우울병을 줄이겠다는 미션이다. 나아가 정신질환만이 아니라 질병으로 고통받는 사람의 수를 한 명이라도 줄이는 것이 내가 하는 활동들의 근간이다.

'그렇게 대단한 일을 하고 있었나?'라고 고개를 갸우뚱하는 사람이 있을지 모르겠지만, 내 전략은 간단하다. 병에 대한 지식을 넓히고, 병에 걸리기 전에 예방하자는 것이다. 자신은 병에 걸릴 일 없다는 사람은 질병이나 건강에 대한 책을 읽지 않고, 질병 예방을 위한 어떤 행동도 하지 않는다. 누구든 운동과 수면, 식사에 신경 쓰고, 건강한 생활습관을 열심히 실천한다면 병 걸리는 사람도 줄어들고 의료비 지출도 절반 정도로 줄어들 수 있다.

서점에 가면 질병 예방에 대한 책들이 즐비하다. 문제는 그러한 책들을 일반인들은 잘 읽지 않는다는 것이다. 반복하지만 두세 명 중 하나는 책 읽는 습관이 없고, 심지어 1년이 지나도 책 한 권 읽지 않는 사람이 허다하다. 그러니 그 한 권에 건강책이 들어갈 확률은 상당히 낮다. 결국 건강책은 독서 습관이 있거나 건강에 대한 의식이 높은 사람만이 읽고 있다는 이야기다.

나는 《너무 애쓰지 않으면 병이 낫는다》 등을 비롯해 질병 예방을 위한 생활방식, 사고방식에 관한 다양한 책을 써왔다. 하지만 정작 병에 걸릴 것 같은 사람, 즉 가장 읽어야 할 사람이 읽지 않는다는 안타까운 현실을 통감하고 있다.

환자에게 자신의 병에 대해 쉽게 쓰인 소책자를 건네도 환자는 읽지 않는다. 거기에는 병을 치유하기 위해 환자가 해야 할 일, 할 수 있는 일들이 모두 쓰여 있어 그것을 읽고 실행한다면 병을 치유하는 데 큰 도움이 된다. 그런데도 읽지 않는 것은 평소 책 읽는 습관 자체가 없기 때문이다.

따라서 병에 걸리지 않는 지식, 질병 예방으로 이어지는 지식, 질병을 치유하는 방법을 보다 많은 사람에게 전하기 위해서는 독서를 습관화시켜서 독서 인구와 독서량을 늘릴 수밖에 없다. 이것이 정신과 의사인 내가 독서법 책을 쓴 진짜 이유다.

이 책으로 인해 한 사람이라도 독서 습관을 들이고 독서량을 늘려서 몸도 마음도 건강하게 살아갈 수 있게 된다면 정신과 의사로서 이보다 더한 기쁨과 행복은 없을 것이다.

특별부록

건강한 삶을 위한 정신과 의사의 추천 도서 30권

같은 책을 읽은 사람들과 어울릴 때,
책 읽기의 기쁨은 두 배가 된다.
- 캐서린 맨스필드

난이도별로 ○는 이해하기 쉬운 초보자용 책, ★는 전문서이자 내용이 꽤 탄탄한 책, △는 중간 정도의 난이도이다.
독서량이 적은 사람이나 책 읽는 습관이 아직 없는 사람은 ○ 표시 책부터 읽기 바란다.

∞ 뇌와 건강에 관한 주옥같은 책 10권

△ **《운동화 신은 뇌》** 존 J. 레이티·에릭 헤이거먼, 북섬
운동이 얼마나 뇌에 좋은지, 운동과 뇌 기능의 연관성을 심도 있게 다룬 책이다. 이 책을 읽으면 운동을 강렬하게 하고 싶어진다.

○ **《행복의 과학》** 데이비드 해밀턴, 인카운터
친절 호르몬 '옥시토신'이 분비되면 스트레스가 해소되고, 자연 치유력이 향상되며, 우리 몸을 건강하게 유지할 수 있다. 무엇을 하면 옥시토신이 분비되는지도 상세히 설명하고 있는 옥시토신 책의 결정판이다.

△ **《그레인 브레인》** 데이비드 펄머터, 지식너머
저자는 이 책에서 우리가 매일 먹는 밥, 빵, 과일과 같은 흔한 음식이 뇌에 어떤 영향을 미치는지, 좋은 지방이 많은 식단이 왜 이상적인지, 나이와 상관없이 어떻게 하면 뇌세포의 성장을 촉진할 수 있는지에 대해 설명한다.

○ **《단순한 뇌 복잡한 나》** 이케가야 유지, 은행나무
저자는 뇌에 관한 흥미로운 실험과 명쾌한 설명으로 일반인들의 뇌에 대한 편견을 없애준다. 더 나아가, 뇌와 마음, 인간의 관계를 조명하고, 센스, 자유, 배려, 차별 등 인간을 사회적 동물로 정의하는 다양한 개념들이 뇌와 연관이 있음

을 폭넓게 이야기한다. 이 책은 결코 가볍지 않은 뇌와 인간을 이야기하면서도 경쾌하게 저자만의 담론을 풀어나가는 새로운 스타일의 뇌과학서이다.

△ 《넘치는 뇌》 토르켈 클링베르그, 월컴퍼니
폭넓은 내용과 명쾌하고 흥미로운 해석이 단연 돋보이는 책이다. 박사의 탁월한 식견은 진화와 신경과학의 역사, 최첨단 연구방법, 정보이론, 두뇌가소성에 관한 최근의 발견, 다양한 신경발달장애에 대한 심도 있는 고찰 등을 아울러 '넘치는 두뇌'에 대한 우리의 이해에 깊이를 더해준다.

○ 《뇌에서 스트레스를 없애는 기술》 아리타 히데오
스트레스 해소에 절대적인 효과가 있는 신경전달물질 세로토닌을 어떻게 분비시키는지 구체적인 방법을 토대로 소개하고 있다. 세로토닌 책의 결정판. 우울병 예방, 치료에도 유익한 책.

△ 《브레인 룰스》 존 메디나, 프런티어
최신의 뇌 과학 연구를 운동, 주의, 기억, 수면, 스트레스 등의 분야별로 쉽게 설명하고 있다. 이 책 한 권으로 뇌 과학의 전체상을 파악할 수 있다. 유머러스하면서 문체도 이해하기 쉬워서 뇌 과학 입문서로서 추천하는 책이다.

△ 《GO WILD》 존 J. 레이티, 리처드 매닝
원시인에게 생활습관병은 없었다. 원시인의 생활방식이야말로 건강의 비결이 숨어 있다. 원시인의 생활습관, 식사, 운동, 수면 등을 부각시키면서 건강한 생활습관이란 무엇인지를 다수의 논문, 최신의 과학연구를 통해 밝히고 있다.

○ 《왜 이것이 몸에 좋을까》 고바야시 히로유키, 김영사
일본 자율신경 연구의 제1인자가 쓴 자율신경 건강법의 결정판. 부교감신경의 중요성과 자율신경의 균형을 맞춰서 젊음과 건강을 유지할 수 있는 구체적인 방법이 쓰여 있다.

○ **《뇌가 기뻐하는 공부법》** 모기 겐이치로, 이아소

도파민이라는 뇌 신경전달물질이 동기부여와 깊은 연관이 있다. 도파민이라는 말이 우리 일상 속에 등장하게 된 것은 모기 겐이치로의 영향이 크다. 뇌 과학 붐의 불을 지핀 책의 저자는 전문서적을 포함해 수많은 책을 출간했지만, 감히 도파민에 대해 알기 쉽게 설명하고 있는 이 책을 권장도서로 선정했다.

∞ 정신의학, 심리학, 마음과 치유에 관한 주옥같은 책 10권

○ **《행복의 특권》** 숀 아처, 청림출판

이 책을 읽고 긍정 심리학에 매료돼, 일본에서 출간된 긍정 심리학책은 거의 읽었다. 그러나 결국 이 책이 최고였다. 과학적 근거를 바탕으로 건강하게, 그리고 행복하게 살기 위한 핵심이 모두 담긴 주옥같은 한 권이다. 숀 아처의 '긍정'을 실천하기 위한 구체적인 방법을 정리한 《행복을 선택한 사람들》도 함께 추천한다.

○ **《인생에 지지 않을 용기》** 오구라 히로시, 와이즈베리

아들러 심리학의 입문서로는 《미움받을 용기》가 유명하지만, 나는 이 책을 먼저 읽고 아들러 심리학에 매료되었다. 이해하기 쉽고, 읽기 쉽다. 간단하다고는 할 수 없는 아들러 심리학의 핵심이 자연스럽게 몸에 스며드는 느낌이다.

★ **《죽음과 죽어감》** 엘리자베스 퀴블러 로스, 이레

정신과 의사, 심리 카운슬러, 간호사에게는 너무나 유명한 고전이다. 말기암 환자를 대상으로 인간이 '슬픔'을 받아들이는 과정에 대해 상세하게 기록해 엮은 책이다. '부인'과 '수용'의 심리에 대해서 이만한 책이 없다.

★ 《슈나이드먼의 자살학》 에드윈 슈나이드먼

자살 연구의 제1인자인 저자의 주요 논문을 엮은 것으로, 자살이라는 문제에 실질적으로 대처하기 위한 지식이 방대하게 실려 있다. 자살을 생물학적, 사회학적, 문화적, 대인적, 철학적 등 다양한 요인으로 인한 현상으로 보고, 근본 원인을 심리적 요인에서 찾아낸 슈나이드먼 연구의 전모를 밝혔다. 자살 예방업에 종사하는 사람들을 위한 책.

★ 《몰입》 미하이 칙센트미하이, 한울림

'플로(Flow)'란 시간의 흐름도 잊을 만큼 몰입한다는 심리학 용어로, 최근 이 말이 스포츠나 비즈니스에서도 종종 쓰이는 단어가 됐다. 이 책은 플로 개념의 제창자가 쓴 원조 '몰입' 책으로, 집중력을 높이기 위한 본질이 쓰여 있다. 나는 이 책을 읽고 나름대로의 방식을 연구해 지금은 거의 의식으로 몰입 상태에 이르게 되었다.

★ 《천의 얼굴을 가진 영웅》 조셉 캠벨, 민음사

영화 〈스타워즈〉의 조지 루카스 감독이 스토리를 구상할 때 지대한 영향을 받은 것으로 알려진 신화학자 조셉 캠벨의 대표작. 전 세계에 퍼진 신화, 전승, 민화 등은 모두 같은 스토리의 골격을 가진다는 대담한 가설을 엄청난 자료를 근거로 뒷받침하고 있다.

★ 《원형론》 C. G 융

나는 심리학의 'ㅇㅇ학파'에는 속해 있지 않지만 가장 큰 영향을 받은 심리학자를 든다면 칼 융일 것이다. 특히 '원형론'과 '집합적 무의식' 개념에 강하게 매료되었다. 그런 의미에서 다수의 칼 융 책 중에서 한 권을 든다면 단연코 이 책이다.

★ 《아담과 이브의 광기》 데이비드 호로빈

'정신분열증이 왜 존재하는가'라는 문제는 많은 정신과 의사의 강렬한 관심을 불러 모았고, 오랜 세월 갖가지 논의가 이루어져왔다. 정신병의 원천을 진화, 영양, 지질이라는 의외의 키워드로 풀어놓았다. 어디까지나 가설이지만 압도적인 설득력을 가지고 써내려간 매우 탄탄한 사이언스 미스테리작이라고 할 수 있다.

★ 《정신병을 만드는 사람들》 앨런 프랜시스, 사이언스 북스

정신 의료, 정신의학에 대한 비판 서적이 많은데, 이 책은 '정신과에서의 정상과 이상의 선 긋기'라는 문제에 초점을 맞추고 있다. 정신의학이 안고 있는 다양한 문제를 알기 쉽게 정리하고, 설득력 있는 데이터를 제시하며 처방전까지도 제시하고 있다. 대중서는 아니지만 정신 의료 관련 종사자에게는 꼭 추천하고 싶은 책이다.

○ 《노르웨이의 숲》 무라카미 하루키, 민음사

너무나도 잘 알려진 무라카미 하루키의 소설. 자살과 남겨진 사람의 이야기, 그리고 마음의 병을 앓는 사람에게 어떻게 다가가야 하는가, 사랑하는 사람이 마음의 병을 앓았을 때 무엇을 할 수 있는가, 라는 문제를 그리고 있다. 정신과 의사인 나의 피와 살이 된 작품이자 작가로서의 방향성에도 큰 영향을 준 책으로, 추천서 목록에 꼭 넣을 수밖에 없는 한 권이다.

∞ 비즈니스서, 인터넷 관련 서적 등
필자가 영향을 받은 주옥같은 책 10권

△ 《유혹하는 글쓰기》 스티븐 킹, 김영사

스티븐 킹이 밝히는 소설 작법, 그리고 문장 쓰는 법. 진지하게 전문 작가가 되고 싶은 사람에게는 깨달음과 노하우의 보물창고 같은 책이다.

○ 《Grouped-세상을 연결하는 관계의 비밀》 폴 아담스, 에이콘출판사
인간은 모든 사람들과 친하게 지낼 수 없다. 친밀도가 높아질수록 서로 사귀는 인원수에 한계가 있다. 이 사실을 모르면 SNS의 '좋아요!'나 '댓글' 숫자에 일희일비하게 된다. 소셜미디어에서의 소통과 커뮤니티, 그룹의 본질에 대해 이해하기 쉽게 쓰인 책이다.

○ 《원피스 식, 세계 최강의 팀을 만드는 힘》 야스다 유키, 에이지21
이 책은 원피스의 루피처럼 동료를 모으고, 인연을 맺고, 동료와 함께 큰 꿈을 실현시키는 방법에 대해 말하고 있다. 원피스를 읽고 단순히 재미있다고 느끼거나 동경하는 것뿐만이 아니라, 우리들이 현실 세계를 살아가는 지혜로써 원피스에 녹아 있는 지혜를 얻는 것이 이 책의 목적이다.

△ 《준비된 자가 성공한다》 데이비드 알렌, 청림출판
해도 해도 끝이 없는 일, 대체 일의 늪에서 빠져나올 방법은 없는 것일까? 생산적 삶을 코치하는 최고의 전문가인 데이비드 알렌은 이 책을 통해 사람들 각자가 효율적 삶을 누리기 위해 갖춰야 할 준비자세, 원칙을 제시한다.

△ 《지식의 단련법》 다치바나 다카시, 청어람미디어
일본 최고의 저널리스트로 일컬어지는 다치바나 다카시 식 지식생산의 방법론. 일본 독자들 사이에서 '지적 생산활동에 대한 명저'로 칭송받고 있는 이 책은 정보(지식)의 입력과 출력, 그리고 그 사이의 과정에 대해 이야기한다.

△ 《프리젠테이션 젠》 가르 레이놀즈, 에이콘
프리젠테이션 디자이너이자 세계적인 커뮤니케이션 전문가인 저자는 커뮤니케이션과 비즈니스 분야에서 엄선한 실제 사례를 통해 프리젠테이션이 나아갈 방향을 새롭게 조명한다. 이 책에서 제시하는 균형 잡힌 디자인 원리와 젠 철학은 더욱 효과적인 프리젠테이션으로 독자들을 인도할 것이다.

○ **《너츠 NUTS! 사우스웨스트 효과를 기억하라》** 케빈 프라이버그 외, 동아일보사
이 책은 30여 년 전 사우스웨스트 항공사를 창업, 파격적인 경영으로 성공을 거둔 CEO 허브 켈러허와 가족같이 똘똘 뭉친 직원들의 주인의식이 어떻게 위기의 기업을 살리는지 보여줌으로써 독자들에게 깨달음을 준다.

○ **《성공하는 사람들의 7가지 습관》** 스티븐 코비, 김영사
이 책은 '처세술'과 단기적 성과 위주의 테크닉에 초점을 맞추던 리더십 관련 서들과는 달리 자기혁신, 가정개혁, 기업과 국가의 개조를 위한 근본적 가치관에 초점을 맞추고 있다. 성공학의 명저.

△ **《신화, 영웅 그리고 시나리오 쓰기》** 크리스토퍼 보글러, 비즈앤비즈
조셉 캠벨의 신화분석과 칼 융의 정신분석학에서 모티브를 얻어 인류가 만들어 낸 모든 이야기(꿈, 민화, 설화, 그리스의 희비극 등)에 스며 있는 보편성과 구조를 바탕으로 영화를 분석하고, 나아가 장편영화 시나리오를 창출해내는 방식을 논구했다.

○ **《구약성서를 아십니까》** 아토다 다카시, 가람기획
성서라는 책이 무엇을 목적으로 쓰였으며, 어떤 일들이 쓰여 있는지 처음으로 이해시켜준 책. 이해하기 쉬울 뿐 아니라 웃음의 소재도 간간히 들어 있어 단숨에 읽을 수 있다. 성서를 이만큼 쉽게 해설한 책은 본 적이 없다.